매출을 두 배로 만드는

페이스북&
카카오스토리
마케팅 비법

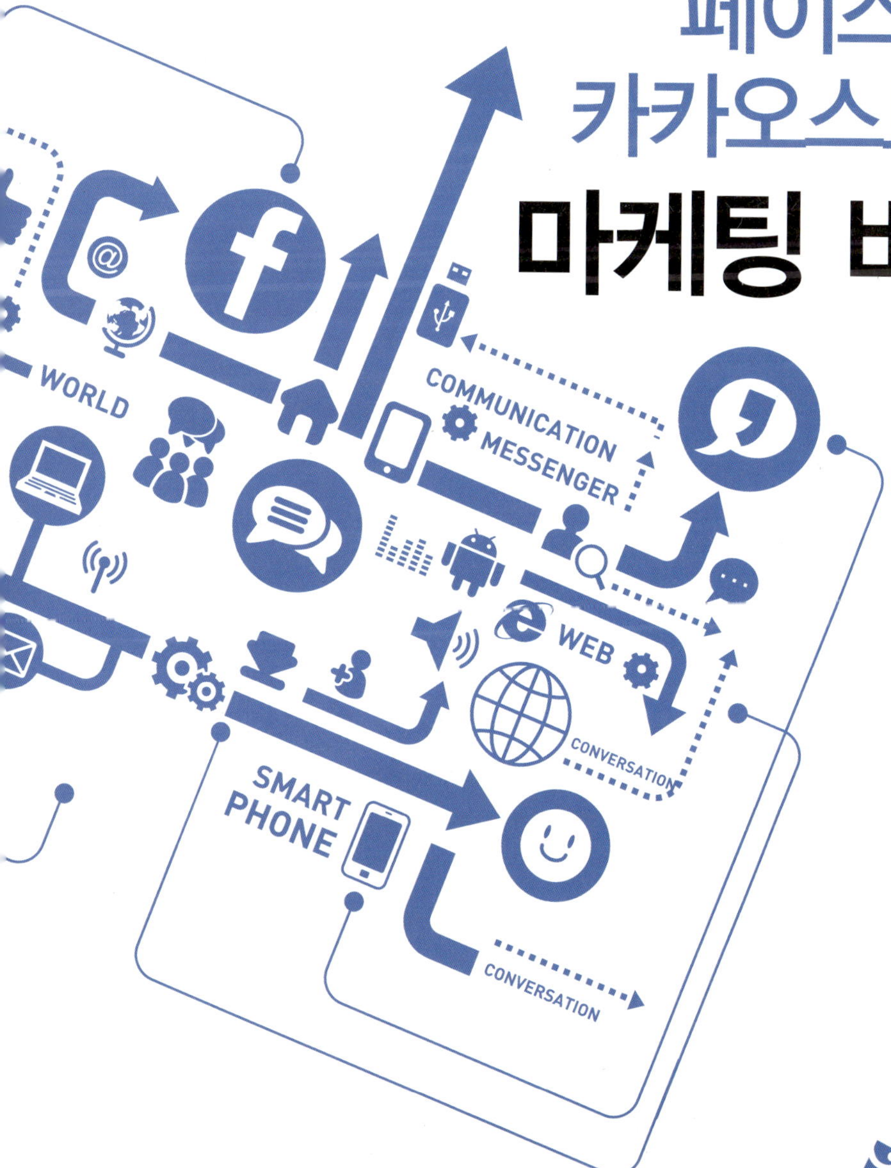

"진짜 경기가 어렵습니다."
주변의 많은 사람들이 너도나도 하는 이야기입니다.

"돌파구가 없을까요?"
필자에게 상담하러 찾아오는 분들의 이야기입니다.

"희망을 보고 다시 한 번 달려보렵니다!!"
필자의 교육이나 컨설팅을 받은 분들이 하는 이야기입니다.

SNS 마케팅에 관한 책을 쓰면서 장사를 하든 사업을 하든 가장 중요한 부분은 마케팅이라는 생각이 들었습니다. 하지만 대부분은 마케팅에 대한 경험이나 스킬이 없는 상태이기 때문에 무엇을 어떻게 시작해야 할지 막막할 뿐입니다.

경쟁이 치열해지고 어려운 때일수록 가장 많이 투자해야 할 부분이 바로 '마케팅'입니다. 그렇다면 가장 좋은 마케팅은 무엇일까요?

바로 입소문입니다.
남들은 다 어렵다고 한숨짓는데 여전히 잘 되는 음식점이나 쇼핑몰은 분명 있습니다. 이 업체들의 공통적 특징은 간단합니다. 바로 '단골고객이 많다'는 것입니다. 오랜 시간을 투자해 고객과 소통하면서 단골을 만든 것이 지금처럼 힘든 시기에 빛을 발하는 것입니다.

그렇다면 짧은 시간 내에 단골을 만드는 것이야말로 가장 좋은 마케팅이 될 것입니다. 그 방법은 바로 SNS 도구를 활용하는 것입니다. 오프라인에서 입소문이 나고 많은 단골 고객을 확보하기까지는 많은 비용과 오랜 시간이 필요합니다. 그러나 SNS를 이용하면 짧은 시간에 넷소문을 낼 수 있습니다. 하룻밤 사이에 천리 길을 간다는 말이, 이제는 1시간 내에 만리 길을 가는 시대가 된 것입니다.

이 책에는 SNS 마케팅의 실전 사례와 원리를 분석하여 초보자부터 중급자까지 활용할 수 있는 방법들을 구체적으로 제시해 놓았습니다.

"저, 성공했어요."
"요즘 장사가 너무 잘 되네요."

이 책을 통해 이런 말씀을 하는 분들이 많아졌으면 하는 바람입니다.

2015년 1월
최 재 봉

"문 닫기 직전이에요! 무언가 대책이 필요해요."
"인건비는 오르는데 매출은 떨어지고 무슨 수를 내긴 해야 하는데 방법을 모르겠어요."
"창업이든 취업이든 좋으니 돈을 벌고 싶은데, 어떻게 해야 할까요?"
"마케팅! 그거 전문가들이 하는 것 아닌가요? 누구나 할 수 있을까요?"

연말, 연초에 가장 많이 나오는 말들이자 사업을 하는 사람들의 공통된 고민입니다.

'간절함의 크기만큼 성공한다.'는 말이 가장 크게 와 닿는 것이 바로 바이럴과 SNS 마케팅 영역입니다. 바이럴과 SNS 마케팅은 인터넷과 모바일을 통해 마케팅 최적화 환경을 만들고 차별화시킬 수 있는 저비용·고효율의 전략인 만큼 시간과 노력 투자가 매우 중요합니다.
또한 마케팅의 본질인 고객과의 소통 구조를 만들어내야 하므로, 기능이나 스킬이 아닌 공감과 신뢰, 진정성이 필요합니다. 이것이 이루어진다면 누구나 성공에 대한 도전은 가능합니다.

마케팅의 성과를 극대화하기 위해 고객과 직접 만나는 소통 통로를 파악하고 공략하는 것은 소호사업자부터 대기업까지 시장 선점에 매우 중요한 포인트가 됩니다. SNS 마케팅은 연령에 상관없이 누구나 쉽게 배워 적용할 수 있다는 장점을 가지고 있으므로 고객과의 직접적 소통을 통해 실행을 구체화하고, 성과를 내기 위해 WIN-WIN하는 마케팅 TOOL로 함께 활용한다면 시너지 효과는 놀라울 것이라 확신합니다.

이 책에서는 실전비법 전문가로서 교육과 컨설팅을 통해 성공시킬 수 있었던 원리를 바탕으로 각자의 아이템과 니즈에 맞추어 스타트부터 적용할 수 있도록 실행 노하우를 쉽게 정리하는 데 역점을 두었습니다.

'기회도 인연'이라 할 수 있다면, 이 책을 읽고 자신의 일과 삶 속에 숨어있던 기회를 놓치지 않고 성공의 인연을 만들어 가시기를 진심으로 응원합니다.

2015년 1월
오 기 자

C O N T E N T S

CHAPTER 03

마케팅을 위한
페이스북 기본 기능 살펴보기

CHAPTER 04

마케팅의 시작!
페이스북에 글 쓰고 친구 늘리기

CONTENTS

CHAPTER 05

페이스북 마케팅의 핵심!
페이지 만들기

CHAPTER 06

페이스북 마케팅
실전 비법

CHAPTER
07

카카오스토리 마케팅 실전 비법

facebook & KakaoStory MARKETING

매출을 두 배 늘리는 힘!
SNS 마케팅

신규 고객을 유입해 매출로 연결시키는 것은 기존 고객을 관리해서 매출로 연결시키는 것보다 3배 이상의 시간과 비용이 필요합니다. SNS 도구가 발달하기 전에는 이메일이나 문자로 고객관리를 해 왔기 때문에 쌍방향 소통이 어려워 마케팅 효과가 미비했지만, 실시간 소통이 가능한 SNS 도구를 활용한다면 고정 고객을 많이 확보할 수 있어 매출에 큰 영향을 줄 수 있습니다.

매출을 두 배 늘리는 힘!
SNS 마케팅

SNS 마케팅을 하는 사람들 중에는 오랜 노력에도 불구하고 효과를 보지 못하는 경우가 많습니다. 이런 문제가 발생하는 이유는 SNS에 대한 기본적인 개념을 정립하지 못한 상태에서 기존 바이럴 마케팅과 같은 방법으로 마케팅을 전개하였기 때문입니다. SNS 마케팅을 하기 위해서는 우선 SNS에 대한 개념 정립이 확실하게 되어 있어야 합니다. 개념 정립이 제대로 된 이후에야 어떻게 마케팅을 전개해야 하는지 알게 되고 그에 맞는 계획도 세울 수 있습니다. 철저한 개념 정립과 계획을 통해 매출을 두 배로 늘릴 수 있는 마케팅 방법을 찾아보도록 하겠습니다.

❶ 먼저 소비자가 **떠나는 이유**를 찾아라

쇼핑몰과 같은 온라인 사업자나 상점을 운영하고 있는 오프라인 사업자의 공통적인 고민은 바로 '어떻게 신규 고객을 많이 유치할 것인가?'입니다. 이제 막 창업한 쇼핑몰 운영자뿐만 아니라, 1~2년의 운영 경험이 있는 운영자들도 똑같은 고민을 하고 있습니다. 실제로 창업 후 일정기간 동안 마케팅을 한 쇼핑몰의 경우 하루 평균 200~400명 정도의 방문객이 있지만 정작 매출은 거의 없거나 미비하다고 합니다. 성공한 쇼핑몰과 그렇지 못한 쇼핑몰의 차이점을 분석해 보면 명확한 차이를 발견할 수 있습니다.

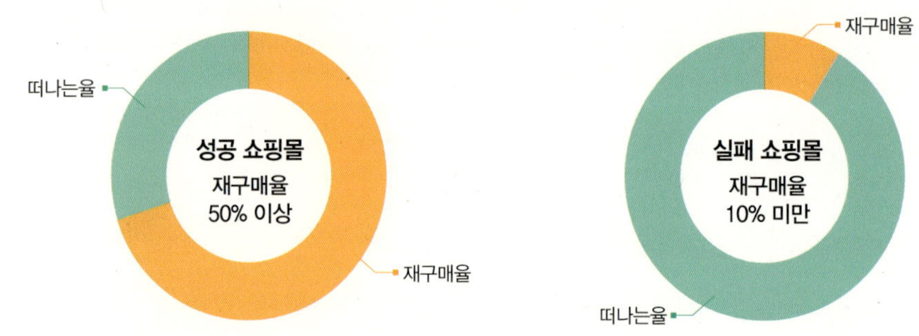

앞의 그래프를 보면 성공한 쇼핑몰의 재구매율은 50%가 넘고, 성공하지 못한 쇼핑몰의 재구매율은 10%가 되지 않는다는 것을 알 수 있습니다.

성공한 쇼핑몰과 그렇지 못한 쇼핑몰은 광고나 마케팅을 통한 신규 고객의 유입 수는 비슷하지만 성공한 쇼핑몰은 다양한 콘텐츠와 이벤트를 통해 고객의 재방문을 자연스럽게 유도하며, 한 번 이상 구매한 사람들에게는 할인쿠폰이나 적립금 등 다양한 마케팅을 적용해 재구매율을 높이고 있다는 점에서 차이가 있습니다. 두 쇼핑몰 모두 비슷한 숫자의 신규 고객이 유입되지만 이탈률이 적고 재방문율을 높이는, 이른 바 충성고객이 많은 쇼핑몰이 바로 성공한 쇼핑몰인 것입니다.

쇼핑몰의 성공적 운영을 위해서는 고객의 재구매율을 높여야 합니다. 자신의 쇼핑몰 통계를 한 번 확인해 보세요. 현재 고객의 재구매율이 30% 미만이라면 실패할 확률이 그만큼 높다는 것입니다. 재구매율이 낮다는 것은 구매 고객의 만족도가 떨어진다는 것을 의미합니다. 제품에 대한 불만, A/S에 대한 불만, 또는 광고와 실제 제품 간의 차이에서 오는 불만 등 여러 가지 이유로 쇼핑몰에서 소비자가 떠나고 있으므로 그 원인을 정확하게 분석하고 보완해야 합니다.

1.1 소비자가 쇼핑몰을 떠나는 진짜 이유는?

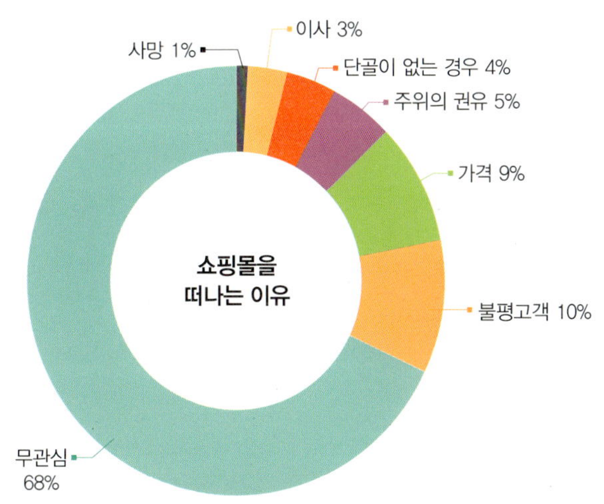

앞서 이야기한 것처럼 마케팅을 통해 유입된 고객이 구매로 전환되고, 구매한 고객이 재구매를 할 수 있도록 유도하는 것이 성공의 지름길입니다.

그럼 방문객들이 쇼핑몰을 떠나는 이유는 무엇일까요? 쇼핑몰 이용자들에게 설문을 통해 답변을 받아본 결과 68%의 사람들이 '무관심' 때문이라고 대답하였습니다. 물론 오차가 있을 수 있지만 과반 수 이상의 사람들이 무관심 때문이라고 대답한 것에 주목해야 합니다. 보통 쇼핑몰 운영자는 자신의 제품이 차별화되어 있지 않거나 가격이 비싸기 때문에 소비자가 떠난다고 생각합니다. 하지만 설문조사 결과에서도 볼 수 있듯이 소비자는 제품 차별화나 가격보다는 쇼핑몰의 '무관심' 때문에 마음이 떠나게 되는 것입니다. 소비자들이 주로 무관심을 느끼는 항목은 '배송' 문제입니다. 자신이 구매한 제품이 발송되어 받아볼 수 있는 날짜를 알려주고, 제품을 손상 없이 안전하게 받아 볼 수 있도록 해야 하는데 그렇지 못한 경우가 많아 쇼핑몰을 떠나게 된다는 것입니다. 제품을 받았을 때 포장이 예쁘거나 간단한 메모로 이루어진 손편지를 써서 보내는 등의 작은 행동 하나에 소비자는 감동하게 됩니다.

어떤 쇼핑몰의 사장님은 일정 금액 이상 구매한 고객의 생일에 로또를 손편지와 함께 보내 매출이 크게 늘어났다고 합니다. 운영자의 작은 정성이 소비자의 마음을 잡은 좋은 사례라고 할 수 있습니다.

1.2 떠나는 소비자를 잡는 SNS 마케팅!

SNS 마케팅은 이처럼 무관심으로 인해 떠나는 고객을 붙잡을 수 있는 좋은 방법입니다. SNS, 즉 '소셜 네트워크 서비스(Social Network Service)'는 관계 중심형 마케팅을 할 때 좋은 수단이 될 수 있습니다.

정보통신정책연구원(KISDI)이 발간한 'SNS 이용현황 보고서'에 따르면, SNS 사용자들의 하루 평균 SNS 이용량은 73.2분이며, 사용자들이 주로 이용하는 SNS는 카카오스토리, 페이스북, 싸이월드 미니홈피, 트위터, 기타 순이었습니다.

〈SNS 1순위 연령대별 서비스사 이용률〉

단위(%)/출처 : KISDI

순위	10대(N=529)	20대(N=532)	30대(N=571)	40대(N=337)
1	카카오스토리(33)	페이스북(38.9)	카카오스토리(41.4)	카카오스토리(39.6)
2	페이스북(23.9)	트위터(22)	싸이월드 미니홈피(19.1)	페이스북(23.2)
3	싸이월드 미니홈피(23)	카카오스토리(20.8)	페이스북(18.8)	트위터(22.7)
4	트위터(13.8)	싸이월드 미니홈피(15.2)	트위터(18.2)	싸이월드 미니홈피(9.4)
5	기타(6.4)	기타(3.1)	기타(2.6)	기타(5.1)

주 연령대별 SNS 서비스사 이용률 분석에서 응답자가 100명 미만인 10대 미만과 50대 이상의 연령대는 제외했으며 1순위 응답을 기준으로 분석함 / N은 응답자 수를 의미함

SNS는 가상 고객이나 기존 고객과의 실시간 대화가 가능할 뿐만 아니라 스마트폰을 통해 편리하게 정보를 주고받을 수 있어서 그 어떤 마케팅보다도 효과적이라고 할 수 있습니다. TV 시청보다 더 많은 시간을 할애하고 있는 SNS를 효율적으로 이용한다면 쇼핑몰을 떠나는 고객의 발길을 붙잡는 데 큰 도움을 받을 수 있습니다.

특히 페이스북과 카카오스토리는 전 연령대에서 높은 이용률을 보이고 있어 이 두가지 SNS 도구만 정확히 이해하고 활용한다면 다른 어떤 마케팅보다 효과적인 반응을 이끌어 낼 수 있습니다.

❷ 최재봉 교수의 SNS 마케팅 성공 스토리

누구나 그렇겠지만 현재 중소기업을 운영하고 있는 필자에게 하루하루는 전쟁처럼 느껴집니다. 순식간에 도태될 수 있는 것이 바로 사업이기 때문입니다. 그래서 항상 제품 개발, 새로운 시장 개척, 그리고 마케팅 방법에 대해 고민하게 됩니다. 새로운 마케팅 도구가 나오면 그것을 어떻게 사업에 활용할지 생각하고, 적용해 보려고 노력하고 있습니다.

SNS가 사회적으로 붐을 일으키던 무렵, 필자는 SNS가 한국인의 정서에 적합한 마케팅 도구라고 생각했습니다. SNS는 '정(精)' 문화가 발달된 한국 사회에서 그동안 잊고 살았

던 사람들과 실시간으로 소식을 나눌 수 있는 수단이 되어 줄 수 있기 때문입니다. 뿐만 아니라 서먹했던 사람들과도 SNS에서는 부담 없이 대화를 나눌 수 있다는 점에서 필자는 사업에 SNS 마케팅을 적용해 보기로 했습니다.

처음 SNS를 접했을 때의 느낌은 그야말로 '멘붕'이었습니다. 트위터는 경쟁하듯 팔로어 수를 늘려야 했고, 페이스북은 친구의 숫자를 늘려야 했습니다. 아직 검증되지 않은 정보라 하더라도 다른 이들에게 뒤지지 않으려고 '무식하게' 접근했던 것 같습니다. SNS 마케팅과 관련해 인터넷상에서 성공 사례들을 찾아 따라해 보기도 했지만 쏟아 부은 노력에 비해 결과적으로 효과는 미흡했습니다.

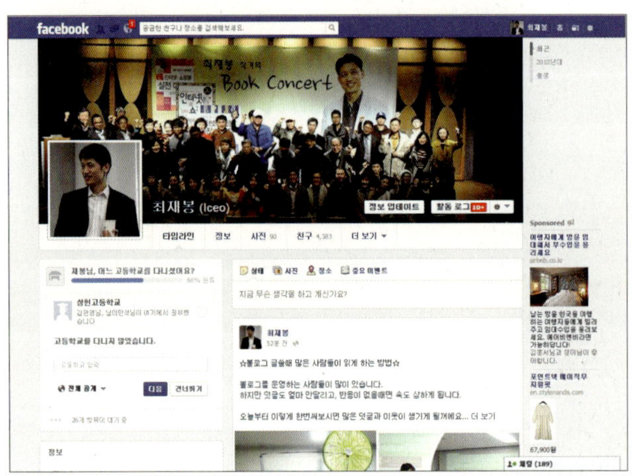

▲ 필자가 운영하는 페이스북

그러던 어느 날 '국내에서 SNS를 활용해 성공한 기업은 얼마나 될지, 그리고 여전히 그 성공을 이어가고 있을지' 궁금해 직접 조사해봤습니다. 놀랍게도 성공한 사례를 거의 찾을 수가 없었습니다.

그때부터 SNS 마케팅에 대해서 다시 생각하기 시작했습니다. '내 사업'이니 '내 몸'에 맞게 SNS를 재편집해야겠다는 생각을 하게 된 것입니다. 사업에 맞게 페이스북을 재구성하고, 카카오톡과 카카오스토리 마케팅을 전개하자 매출에 조금씩 변화가 생겼습니다.

◀ 필자가 운영하는
카카오스토리

◀ 카카오스토리 플러스

우리 정서로는 말은 되도록 삼가고, 말조심을 해야 한다는 인식이 강하지만, 요즘은 적절한 대화를 통해 상대방과 소통하는 것이 미덕입니다. SNS 마케팅 또한 불특정 다수와의 소통을 통해 필요한 것을 얻는 것이 핵심입니다.

새로운 마음가짐으로 운영한 필자의 SNS 마케팅은 성공적이었습니다. 남들이 하니까 무조건 친구 신청을 하는 것이 아니라 처음 만나는 사람에게 먼저 인사를 하고, 친근감이 생긴 후에는 소식을 주고받기 시작했습니다. 그러다 보니 많은 사람들과 '소통'을 하게 되었고, 자연스럽게 관련 업계에서 인지도가 상승했습니다.

▲ 페이스북 친구들과 소식을 나누면서 소통하자 댓글이 폭발적으로 늘어났다.

이렇게 일상생활에서 소통하고, 신뢰가 쌓이다 보니 많은 친구가 생겼고, 종종 특강을 하게 되면 서로의 페이스북을 통해 정보를 공유하고 있습니다.

▲ 온라인상에서 만난 회원들과의 모임

또한 오프라인이나 온라인에서 만난 사람들과 소통이 이루어지면 공통적인 주제를 가진 그룹을 만들어 운영하고 있습니다. 관심사가 비슷하기 때문에 훨씬 더 많은 소통이 이루어질 수 있고, 필요로 하는 상품이나 교육도 공유하게 되었습니다.

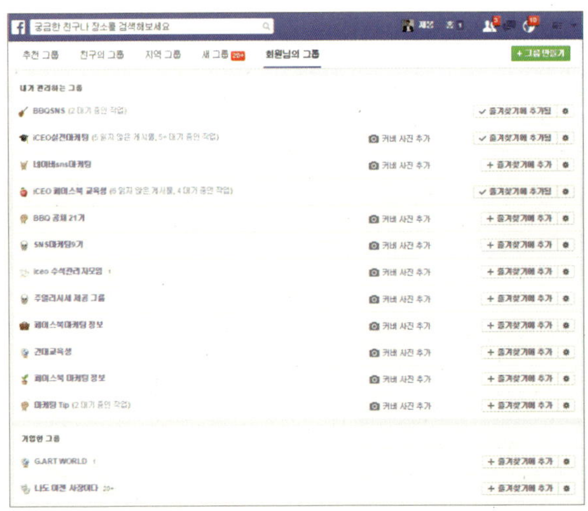

▲ 필자가 운영하고 있는 페이스북 그룹

많은 소호 사업자나 중소기업 대표들이 마케팅의 어려움을 이야기하며 극복할 수 있는 방법을 물을 때 필자는 SNS를 통해 고객과 소통하는 방법을 알려 줍니다. 오프라인 매장에 고객이 왔을 때처럼 SNS에서도 자연스럽게 말을 걸고, 댓글로 화답하면서 소비자와 소통하면 되는 것입니다. 오랜 시간 만나야만 친구가 되는 것이 아니라 관심사가 비슷한 사람끼리 모여 의견을 주고 받다보면 친구가 될 수 있는 것입니다.

필자가 사용한 노하우를 적용한 소호 사업자나 중소기업 대표, 그리고 소상공인들 대부분이 쫓아다니는 마케팅, 즉 전단지를 돌리거나 매체 광고를 통한 마케팅을 전개했었습니다. 그러나 필자가 알려준 대로 고객이 스스로 찾아오게 하는 방법으로 접근하다 보니 자연스럽게 매출이 늘어나는 것을 확인할 수 있었습니다.

SNS 마케팅을 통해 매출이 증가한 사례는 우리 주변에서 쉽게 찾아볼 수 있습니다. 종로에서 주얼리숍을 운영하는 50대 사장님이 운영하는 가게의 일상이나 신상품을 페이스북에 올리고 친구들과 소통하면서 매출이 늘어났고 제너시스 BBQ 치킨 가맹점에서 기존 소비자들과 카카오스토리를 통해 자유롭게 소통하면서 전단지를 뿌릴 때보다 훨씬 매출이 증가하였습니다. 모두 고객이 아닌 친구로서 가볍게 대화하는 과정을 통해 매출 증대의 효과를 볼 수 있었던 사례입니다.

요즘 사업을 하는 사람들에게 경기가 어렵다는 말을 많이 듣습니다. 업체 간 경쟁이 치열하고 차별화된 마케팅을 하는 것은 생각만큼 쉬운 일이 아닙니다. 이렇게 답답한 현실에서의 돌파구로서 SNS 마케팅을 사용해보면 어떨까요?

❸ 오기자 교수의 SNS 마케팅 성공 스토리

'치열한 오프라인 창업 시장에서 온라인 시장 선점으로 경쟁력을 갖다!'

기업의 매출 규모와 상관없이 동종업계 경쟁률이 치열한 아이템일수록 가장 중요한 핵심은 매출을 올리고 살아남는 것입니다. 그러기 위해서 온라인과 오프라인을 장악할 수 있는 주체적인 마케팅이 반드시 필요합니다.

필자는 가장 치열하다는 보험사에서 매월 마감이라는 긴장감 속에 관리조직과 영업조직의 효율적인 소통을 통해 지속적인 영업 매출 전략과 조직 관리를 위한 교육과정을 개발하고 실행해야 했습니다. 시장 점유율 1위를 달성한 후에는 이를 유지하기 위한 또 다른 전략이 병행되어야 했습니다. 기획사에서는 대기업과 중소기업, 정부부처 등 다양한 클라이언트를 대상으로 입찰이라는 경쟁구도 아래 새로운 이벤트 축제, 홍보 마케팅 콘텐츠 개발을 차별화시켜 나가야 했습니다.
이렇게 경쟁이 치열한 오프라인 교육업계에서 오랫동안 일을 해오다 온라인 교육 사업을 시작하게 되었습니다. 온라인 마케팅은 고객과의 커뮤니케이션이 마케팅의 차별화가 되는 사업 분야이기도 했습니다. 따라서 주체적인 마케팅에 대한 간절함을 실감하고 지속적인 대안과 차별성을 찾기 위한 노력을 통해 다양한 노하우를 쌓게 되었습니다.

국내 여성1호 바이럴 마케팅 지도교수와 제너시스 BBQ 그룹 마케팅 고문을 거쳐 SNS 실전 마케팅 전문가로 유명세를 타며 입지를 다지기까지는 일이 생활이고 생활이 일이었기 때문에 SNS 마케팅의 핵심인 '소통'에 다른 사람보다 빨리 다가설 수 있었습니다.
창업 초기 오프라인에서 필자의 생각과 의도를 전달하는 데 너무 많은 시간과 어려움을 느꼈고, 만족스럽지 못한 결과에 한계를 실감하기도 했습니다. 그러나 이때 오프라인의 한계를 극복할 새로운 홍보 마케팅 도구에 눈을 뜨게 되었는데, 바로 온라인과 모바일을 통한 바이럴 마케팅과 SNS 마케팅이었습니다.

지금까지 전국의 다양한 사업 아이템과 사업주들을 대상으로 검증된 바이럴과 SNS 마케팅 실전 비법 전수로 연이은 성공사례들을 접하면서 얻은 결론은 간단합니다. 마케팅 차별화 중심에 신뢰를 형성할 수 있는 '진정성 있는 소통'이 가장 중요하다는 것입니다.

▲ 관공서 및 다양한 기관에 SNS마케팅 실전 비법을 전수하는 필자

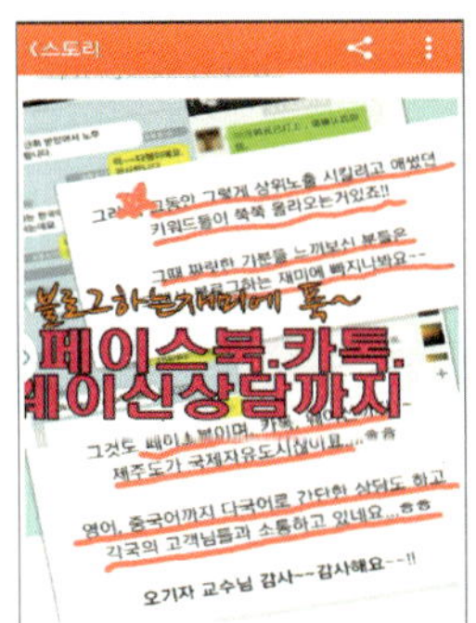
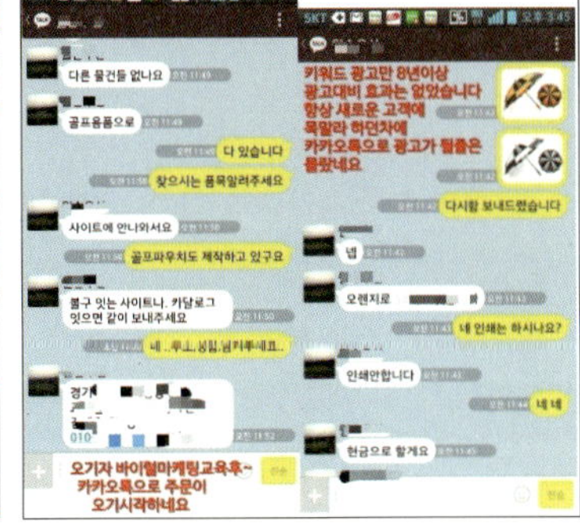
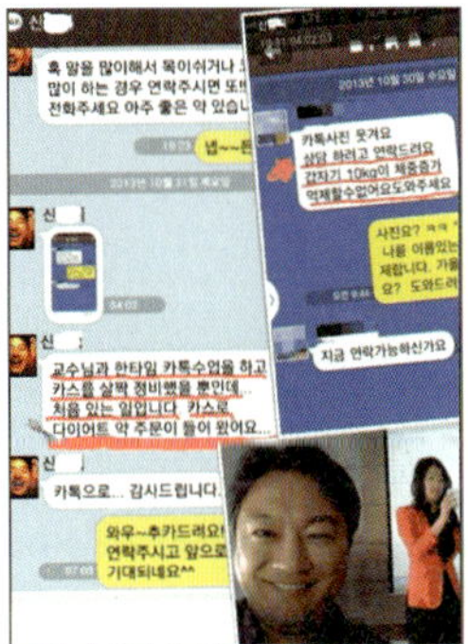

▲ SNS 실전 마케팅 비법으로 즉각적인 소통을 통해 단기간에 성과를 이끌어낸 사례들

2013년 뷰티 산업이 가장 치열한 서울 강남에서 소셜에만 의지하다 월 매출 10만 원도 어려워 폐업 위기를 맞고 필자에게 개별 컨설팅을 받았던 강남 피부 관리샵의 경우 사장님은 거의 '컴맹 수준'으로, 블로그 방문객 1명, SNS 친구는 전무했습니다. 하지만 간절한 만큼의 노력으로 2개월 만에 블로그 평균 방문자는 7천 명을 넘어섰고 최대 47,000명까지 방문객이 이어지며 200개가 넘는 덧글 문의와 매출이 온·오프라인으로 이어지게 되었습니다.

이처럼 좋은 아이템과 실력을 가지고도 방법을 몰라 판로를 개척하지 못하거나 사업 확장의 기회를 놓치는 안타까운 사례를 자주 접하면서 기존 교육에서 실전 마케팅 교육과 컨설팅으로 영역을 더욱 넓히게 되었습니다.

▲ 마케팅 고문 현장 활동 모습들

필자는 최대 5,000명이 넘는 페이스북을 통해 매일 꾸준하게 소통을 나누고 있으며, 2012년 4월 5일 시작한 카카오스토리는 하루에 1개씩 글을 올린 것이 이제 1,200개를 넘었고, 미국과 일본 등 해외는 물론 국내의 많은 분들과도 친분을 쌓아 팬클럽까지 생기게 되었습니다.

▲ 필자의 페이스북

▲ 필자의 카카오스토리

▲ 운영 중인 스토리채널

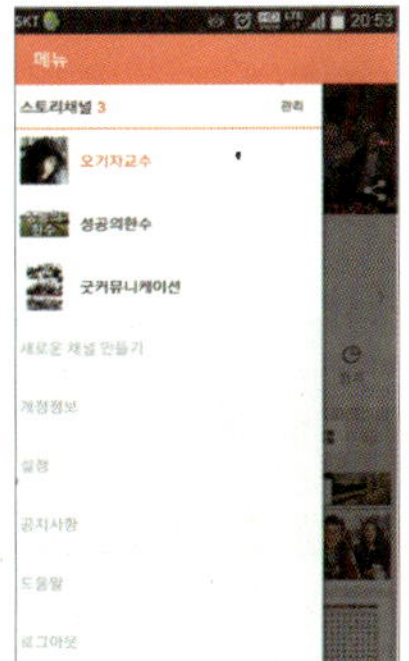
▲ 개설된 스토리채널

매출 부진! 인건비 상승! 치열한 경쟁!
차별화된 마케팅에 대한 Needs는 간절하나 How to가 막막하다면?

모든 관계는 지속성이 중요하기에 꾸준한 노력이 필요합니다.

저의 경우 페이스북과 카카오스토리에서 친구로 맺은 사람들과 2년 넘게 꾸준히 일과 관련된 일상으로 소통하며 신뢰를 쌓았고, 이 관계는 오프라인으로까지 연결되기도 하였습니다.

새로운 성과를 원한다면, 기존의 환경과 방법을 바꾸어 무언가를 시도해 보는 것이 매우 중요합니다. 제가 경험한 SNS를 통한 마케팅 노하우와 성공 사례들은 아주 간단한 원리를 잊지 않고 통합적으로 실전 비법을 적용하여 지속적으로 실행한 결과입니다.

즉 누구나 도전할 수 있는 것입니다. 이 책을 읽고 있는 독자들도 SNS 이웃들과 '덧글', '좋아요', '공유하기'를 통한 진솔한 '소통'이 마케팅의 출발이라는 것을 잊어서는 안 됩니다. 또 이후에 알려드릴 기본적인 원리부터 비법까지 읽는다면 1인 기업부터 중소기업 CEO까지 사업을 주도하고 도약할 수 있는 성공의 길에 한발 다가갈 수 있다는 자신감을 가질 수 있으리라 확신합니다.

facebook & KakaoStory MARKETING

개념 이해가 SNS 마케팅의 성공을 좌우한다

'이해하고 풀어라'
수학 문제를 풀 때 무조건 공식에 대입해서 푸는 사람과 공식을 이해하고
푸는 사람은 응용력에 있어 확실히 다른 모습을 보여 줍니다. SNS 마케팅도
개념을 이해하고 접근한다면 경쟁 우위에 설 수 있는 응용력이 생기게 됩니다.
이번 장에서는 SNS에 대한 개념을 이해합니다.

개념 이해가 SNS 마케팅의 성공을 좌우한다

성공적으로 마케팅을 추진하기 위해 가장 중요한 것은 '개념을 정립하는 일'입니다. 운동을 할 때 먼저 기본기를 다져야만 고급 기술을 익힐 수 있는 것과 같은 이치입니다. 이번 장에서는 SNS의 개념을 명확하게 이해하고, 고객이 원하는 것을 파악한 후 효과적인 마케팅을 추진하는 방법과 그 방향에 대해 알아보도록 하겠습니다.

❶ SNS란 무엇인가?

SNS(Social Network Service)는 기존의 친구나 사회에서 새롭게 맺어진 사람들과의 관계를 형성시켜 주는 서비스를 의미합니다. 쉽게 말해 사람과 사람 사이의 관계를 보다 원활하게 형성시켜 주는 것이라고 할 수 있습니다.

따라서 SNS 마케팅은 자신이 관계를 형성하고 있는 그룹에서 공유한 정보가 같은 그룹의 구성원을 통해 또 다른 경로로 속해 있는 그룹에 입소문을 전해 순식간에 정보가 퍼지는 원리를 토대로 전개됩니다. 가장 대표적인 것이 페이스북(facebook)인데, 페이스북에는 친구의 소식을 받는 "뉴스피드"라는 메뉴가 있습니다. 이곳에서는 친구가 올린 소식을 실시간으로 볼 수 있습니다.

만약 페이스북에서 소통하는 친구가 5,000명이라면 내가 올린 글은 5,000명 친구의 "뉴스피드"에 보여지게 되고 내 글을 읽다가 마음에 들어 3,000명의 친구를 가지고 있는 페친(페이스북 친구)이 자신의 페이스북에서 공유하기를 클릭하면 3,000명의 "뉴스피드"에 소식이 등록되어 나오는 친구가 아닌 사람들도 내용을 확인할 수 있게 됩니다. 따라서 잘 관리되어 있는 페이스북 친구 100명만 있으면 순식간에 내 글이 알려질 수 있습니다. 예를 들어 1,000명의 친구를 가지고 있는 친한 페친 100명이 '공유하기'를 통해 소식을 전달했다고 가정하면 10분 내로 10만 명에게 노출을 시킬 수 있는 것입니다.

❷ SNS의 종류와 사용 인구

스마트폰이 대중화되면서 SNS의 종류도 급속도로 늘어났는데, SNS 종류별로 각기 다른 특징을 가지고 있습니다. 우리나라 SNS의 효시라고 할 수 있는 것은 싸이월드 미니홈피입니다. 친구들끼리 서로 소식을 주고받으면서 관계를 형성하는 기능을 제공했습니다. 그 후 트위터와 유투브가 사용되었으며, 최근 페이스북까지 국내에서 서비스를 시작하면서 SNS 이용자 수가 폭발적으로 증가하였습니다. 뿐만 아니라 카카오톡과 카카오스토리, 라인과 밴드까지 SNS 시장에 등장해 높은 성장률을 보이고 있습니다. 이밖에도 링크드인과 MYSPACE 그리고 FLICKR 등이 전문가들에게 꾸준히 사랑받고 있습니다.

▲ 소셜 미디어의 종류

2013년 6월 기준으로 네이버 '밴드' 1,600만 명, 페이스북 1,100만 명, 트위터는 1,060만 명이 다운로드해 사용하고 있습니다. 특히 전화번호와 연동해서 사용하는 카카오톡은 4,000만 명 이상이 사용하고 있습니다.

위의 그래프에서 보여지듯이 SNS 마케팅 도구는 각각의 특징을 가지고 발전하고 있습니다. 스마트폰이 대중화되면서 우후죽순으로 많은 SNS 마케팅 도구들이 생겨났습니다. 일부는 경쟁에서 살아남지 못하고 사라졌지만 페이스북, 트위터, 밴드 그리고 카카오톡은 SNS 시장에 잘 안착하여 현재까지도 많은 이용자 수를 가지고 있습니다. 이처럼 소비자들이 주로 사용하고, 쉽게 접근 가능한 SNS를 마케팅 도구로 활용해야 하므로 SNS 도구 중 가장 많이 사용되고 마케팅적으로 소비자들에게 접근이 용이한 페이스북과 카카오스토리에 대해 주로 살펴볼 것입니다.

❸ SNS 도구를 알아야 **마케팅에서 승리한다**

SNS를 통해서 마케팅을 계획하고 있다면, 해당 도구를 사용하고 있는 소비자의 Needs를 정확하게 파악하는 것이 무엇보다 중요합니다. 상대방이 무엇을 원하는지 알아야 그에 맞춰 마케팅을 전개할 수 있기 때문입니다. 많은 SNS 도구 중에서 대표적인 몇 가지를 선택해 소비자가 그 도구를 사용하는 이유와 각각의 기본적인 기능에 대해 알아보겠습니다.

3.1 고객이 주로 사용하는 SNS는 어떤 것일까?

다음 표는 소비자들이 현재 가장 많이 사용하고 있는 SNS 도구를 선정해 분석한 결과입니다. SNS 도구는 서로 다른 특징을 가지고 있고, 사용자층도 각기 다르므로 먼저 자신이 타깃으로 하는 고객들이 주로 어떤 SNS 도구를 사용하고 있는지 확인해야 합니다.

SNS 종류	이용 목적	주 사용자	활용 용도
페이스북	지인끼리 서로의 일상 공유	학교친구나 사회에서 알게 된 지인들	기존 지인을 포함해 사회에서 관계를 형성한 새로운 인맥과의 관계 형성
카카오톡	무료문자 발송	스마트폰 이용자로 자신의 전화번호에 입력된 지인들	전화번호 저장과 동시에 자동으로 SNS로 연결
카카오스토리	자신의 일상을 지인에게 공개	전화번호에 입력된 지인 중 선별된 사람	지인끼리 서로의 일상과 생각을 스마트폰으로 실시간 공유
밴드	지인끼리만 정보 공유	학교, 회사, 가족 등 소그룹 모임으로 소식 공유	스마트폰을 이용해서 그룹별 지인들에게 공지나 공통 소식 공유(모임 위주의 도구)
트위터	불특정 다수에게 자신의 소식을 알리고 싶을 때 사용	단문 메시지나 원하는 사람의 소식을 구독하는 매력에 빠진 사람	부담 없이 현재의 소식을 짧게 전달하고 싶은 사람이나 이슈를 알리고 싶은 사람
링크드인	비즈니스를 위해 인맥을 중요시하는 사람	구직 및 업무에 도움이 되는 사람들과 인맥을 형성하려는 사람	직종별, 직종 간 다양한 비즈니스 관계 형성

SNS 사용자들의 공통점은 자신의 소식을 보다 효율적으로 지인들이나 관계가 형성된 사람들에게 알리고자 한다는 것입니다. 따라서 단순히 상품을 판매하기 위해서만 운영하는 것보다 각각의 도구에서 사람들이 원하는 것이 무엇인지 파악해 그에 맞게 운영을 해야 효과를 볼 수 있습니다. 많은 기업에서 SNS 마케팅을 시도하지만 실패하는 이유가 바로 각각의 도구를 사용하는 사용자들이 원하는 것을 파악하지 못하고 상업적인 면만 부각시키기 때문입니다.

3.2 어떤 사람들이 SNS를 사용할까?

그렇다면 어떤 사람들이 SNS를 사용하고 있을까요? 다음은 알바천국에서 2014년 3월 12일에 10대~50대 개인회원 2,334명을 대상으로 조사한 결과입니다.

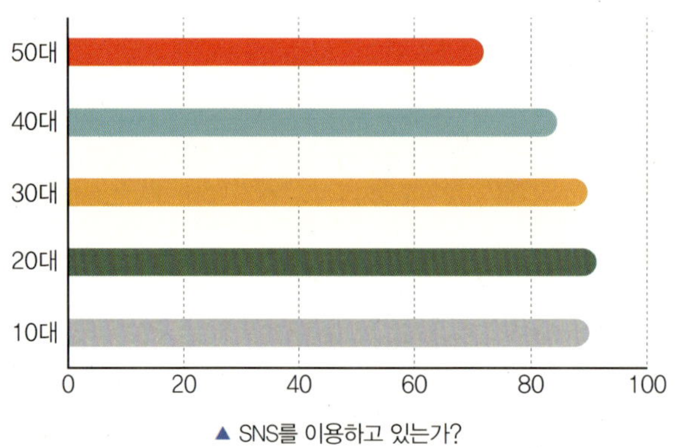

▲ SNS를 이용하고 있는가?

먼저, 현재 SNS를 이용하는지 물어봤습니다. 20대의 사용률이 91.2%로 가장 높았으며, 10대가 89.8%, 30대가 89.6%, 40대가 84.4%, 그리고 50대가 71.9% 순으로 나타났습니다. 그리고 'SNS를 한 개 이상 사용하는가?'라는 질문에는 평균 2.9개를 사용하고 있는 것으로 조사됐습니다. 그중 10대가 3.1개로 가장 많았고, 50대가 2.6개로 가장 적었습니다. 비율의 차이는 있지만 모든 연령대에서 1개 이상의 SNS를 사용하고 있었습니다.

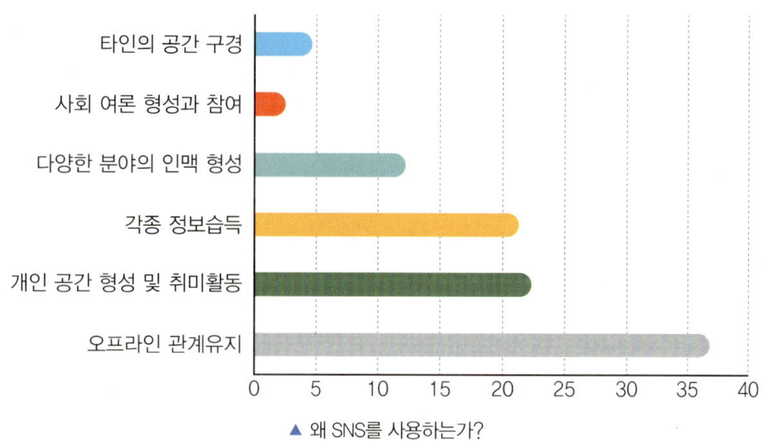

▲ 왜 SNS를 사용하는가?

마지막으로 SNS를 사용하는 이유를 묻는 질문에 '인맥관리'를 위해서라는 답변이 가장 많았습니다. 오프라인 관계 유지 36.9%, 개인 공간 형성 및 취미활동 21.6%, 각종 정보 습득 20.7%, 다양한 분야의 인맥 형성 11.8%, 타인의 공간 구경 4.7%, 그리고 사회 여론 형성과 참여가 2.7%로 조사되었습니다.

이러한 조사 결과를 볼 때 SNS를 마케팅에 접목하기 위해서는 가장 먼저 인맥 관리부터 시작해야 한다는 것을 알 수 있습니다.

3.3 페이스북 인사이드

페이스북은 전 세계 11억 명이 사용할 정도로 많은 사용자를 가지고 있는 소셜 미디어 채널입니다. 페이스북을 처음 사용하는 분들은 생소한 메뉴와 언어 때문에 어려움을 겪게 됩니다. 필자도 처음 페이스북을 접할 때 이런 사소한 부분 때문에 접근하기가 쉽지 않았습니다.

먼저 페이스북의 종류와 특징을 살펴보면, 페이스북은 기능적인 면에서 개인이 운영하는 프로필과 기업이 운영하는 페이지, 공통 정보를 나누는 그룹으로 나눌 수 있습니다.

〈개인 프로필, 기업 페이지, 그룹〉

구분	개인 프로필	기업 페이지	그룹
특징	개인의 일상을 올려놓는 공간	기업의 상품과 이벤트를 올려놓는 공간	공통 관심사를 가지고 있는 사람들과의 정보 공유 공간
유사 사이트	블로그	홈페이지	카페
가능한 친구 수	5,000명	무한대	무한대
친구 맺기	친구 요청 시 수락 필요	'좋아요'만 클릭하면 소식 받기 가능	친구의 아이디만 알면 추가 가능

페이스북의 개인 프로필은 친구 혹은 그 친구의 친구, 그리고 사회에서 만난 사람들을 모두 합해도 한 사람이 관계를 형성할 수 있는 사람이 5,000명을 넘기기 어렵다는 판단에서 시작되었으므로 친구는 5,000명까지만 가능하며 개인의 일상과 함께 친구들과 소식을 주고받는 데 많은 도움을 받을 수 있습니다. 특히 페이스북 개인 페이지는 친구들과 소통할 수 있도록 '뉴스피드'에서 친구의 소식을 받아 볼 수 있게 구성되어 있습니다. 뉴스피드에서 친구의 소식이 전해지는 순서를 정하는 것을 '엣지랭크'라고 하는데, 자신의 글이 친구들의 뉴스피드에 먼저 보이게 되면 그만큼 호응도가 높아집니다. 이 '엣지랭크'에 대한 구체적인 설명은 다음 장에서 다루도록 하겠습니다.

개인 프로필에는 지극히 개인적인 일상을 올릴 때 많은 사람들이 반응을 보입니다. 다음 사진은 필자의 개인 페이스북에 일상 글을 올렸을 때 댓글과 공감이 달린 화면입니다. 페이스북 초기에 작성한 글이지만 많은 분들이 댓글로 반응을 보여 주었습니다.

만약 개인 페이지에 상업적인 글을 올리면, '좋아요'를 눌러주기는 하지만 댓글은 잘 달리지 않습니다. 따라서 개인 페이지는 상업적인 내용보다는 자신의 개인적 일상을 중심으로 작성하는 것이 소통의 지름길입니다.

🔊 MARKETING TIP

개인 페이지에서는 일상적인 내용을 올려 친구와의 소통을 목적으로 운영하는 것이 활성화의 지름길입니다. 친구가 많아지면 그 친구의 친구가 방문하게 되고 자연스럽게 내가 무엇을 하는 사람인지 알려지게 되면서 결국 상업적으로도 도움이 됩니다.

기업이 운영하는 페이지는 친구를 무한대로 늘릴 수 있다는 장점을 가지고 있습니다. 이곳을 방문하는 소비자는 그 페이지를 기업이 운영하고 있다는 것을 인지하고 있기 때문에 개인적인 일상보다는 기업의 이벤트나 할인 정보 또는 제품 정보를 노출하면 적절한 마케팅 효과를 거둘 수 있습니다.

▲ 페이스북 페이지

페이지는 기업이 운영하기 때문에 '친구맺기'가 아닌 '좋아요'만 클릭하면 소식을 받을 수 있습니다. 다만 쌍방향이 아닌, 일방적으로 소식을 전할 수 있고, '좋아요'를 누른 친구들의 글은 확인할 수 없다는 것이 특징입니다. 페이지의 프로필을 잘 활용해 소통하면 강력한 인맥관계를 형성하여 소비자들이 내 상품을 어떻게 생각하는지 어떤 상품을 어떻게 평가하는지 알 수 있습니다. 또한 페이지를 활용하면 이벤트를 진행하고 최적화된 광고를 통해 매출과 브랜드 이미지를 향상시킬 수 있습니다.

이 외에도 페이스북에서는 공통된 주제를 가지고 서로 소통할 수 있는 '그룹' 기능도 제공합니다. 그룹은 같은 모임에서 정보를 주고받으면서 소통할 수 있는 기능으로, 그룹 멤버를 개설자가 임의로 추가 또는 탈퇴시킬 수 있다는 것이 특징입니다.

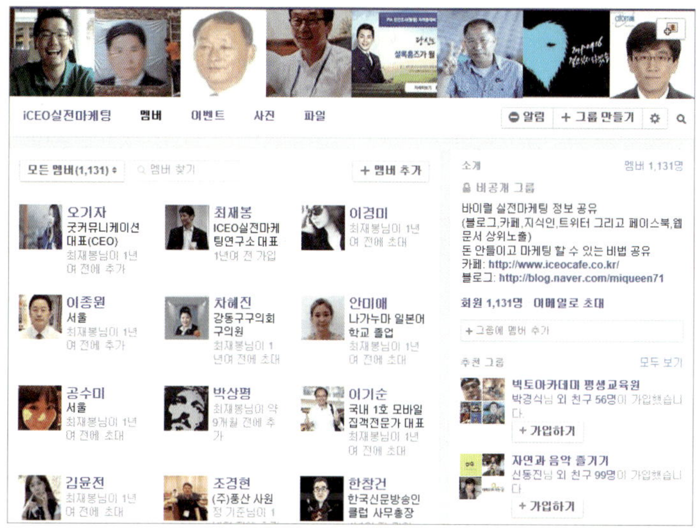

▲ 페이스북 그룹

위의 이미지는 필자가 운영하는 페이스북 그룹의 화면입니다. 공통된 주제를 가지고 서로 정보를 주고받을 수 있는 공간으로, 한 번 만나고 지나칠 수 있는 사람들을 모아 그룹 내에서 정보를 주고받으며 친해질 수 있는 환경을 제공합니다.

이번에는 개인 프로필과 페이지를 잘 활용하고 있는 다른 운영자들을 살펴보겠습니다.

▲ 개인적인 일과 저자로서의 활동을 올려놓아 타이틀만 봐도 어떤 사람인지 알 수 있다.

자산관리 회사를 운영하는 대표의 프로필입니다. 자신의 일상을 올려놓고 페친을 한 명씩 늘려가면서 '댓글'과 '좋아요'로 소통하고 있습니다. 일상 위주의 글을 통해 많은 사람들과 소통하고 페친을 모아 오프라인에서 모임을 가질 정도로 인간적인 소통을 많이 합니다. 그러다 가끔씩 자신의 전문 분야에 대한 행사 내용을 올려놓는데, 참여도가 높은 것은 페이스북의 원래 취지인 친구들과 정보나 안부 공유를 기본으로 운영해 왔기 때문에 가능한 것입니다.

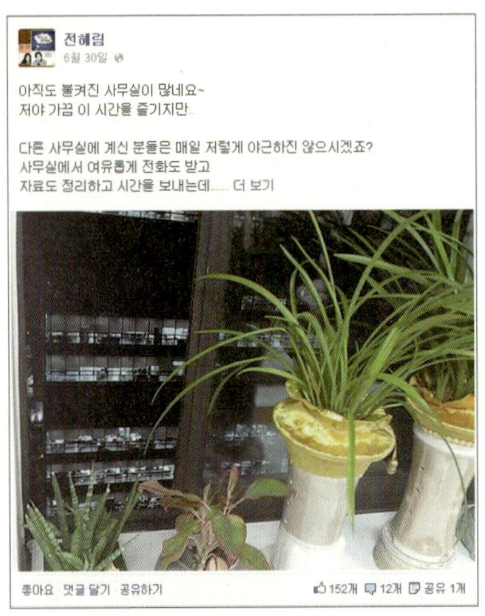

◀ 개인적인 생각을 페친들과 소통하는 모습으로 '좋아요' 152개, '댓글' 12개가 달렸다.

▲ 온라인뿐만 아니라 오프라인 모임을 통해서도 페친들과 소통한다.

◀ 일과 관련된 글을 올려도 소통이 잘 된 페친들이
있기에 서로 믿고 정보를 공유한다.

페이스북 기업 페이지가 잘 운영되고 있는 곳 중의 하나가 바로 '독취사'입니다. 기업 페이지를 방문하는 사람들은 개인적인 정보보다는 자신에게 도움이 되는 정보나 쿠폰 또는 이벤트 등을 원하는데 '독취사'는 취업과 관련된 자료를 꾸준하게 제공하기 때문에 어떤 기업 페이지보다도 활성화되어 있습니다.

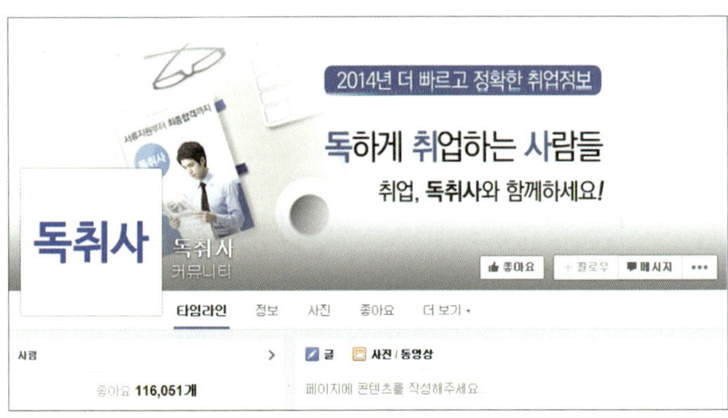

▲ 116,051명이 구독하는 독취사의 페이지

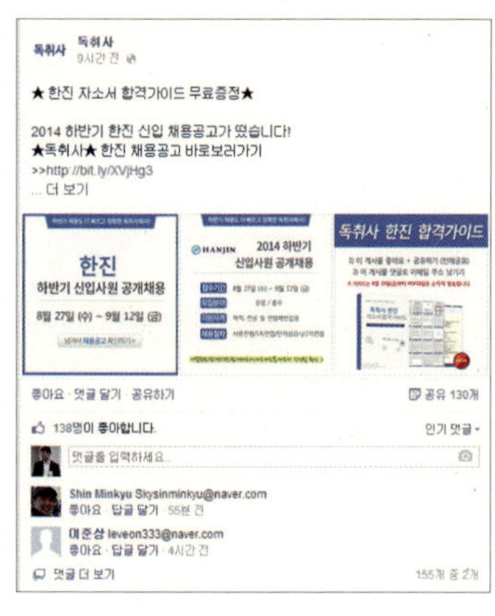

◀ 취업에 도움이 되는 정보를 꾸준하게 올려 재방문자 수가 늘어나고 반응도도 높다.

3.4 카카오스토리 & 스토리채널 인사이드

미국에 페이스북이 있다면 한국에는 카카오스토리가 있습니다. 페이스북처럼 전 세계 사람들을 대상으로 한다는 범용성을 가진 SNS 도구가 있는가 하면, 각 나라별로 그 나라의 문화와 환경에 맞춰 개발된 SNS 도구도 있습니다. 우리나라에서는 카카오스토리, 중국에서는 웨이보가 가장 대표적인 예입니다. 이러한 도구들은 SNS 기반이다 보니 페이스북과 운영 방식이 유사하므로 쉽게 활용할 수 있습니다. 그럼 카카오스토리와 스토리채널을 이해하기 쉽게 페이스북과 비교해 보겠습니다.

〈카카오스토리, 스토리채널, 카카오그룹〉

구분	카카오스토리	스토리채널	카카오그룹
특징	개인의 일상을 올려놓는 공간	기업의 상품과 이벤트 전문정보를 올려 놓는 공간	공통 관심사를 가지고 있는 사람들과의 정보 공유 공간
유사 사이트	페이스북의 개인 페이지	페이스북의 기업 페이지	페이스북의 그룹
가능한 친구 수	1,000명	무한대	무한대
친구 맺기	친구 요청 시 수락 필요	'소식 받기'만 클릭하면 소식 받기 가능	카카오톡 아이디만 알면 추가 가능

페이스북은 이메일을 알아야만 친구 신청이 가능하지만 카카오스토리는 전화번호만 알면 쉽게 친구의 소식을 받아볼 수 있습니다. 영업사원이나 사업자들은 고객의 전화번호만 확보하면 카카오스토리에서 서로 소식을 주고받으면서 소통할 수 있기 때문에 페이스북보다 훨씬 빠르게 마케팅에 활용할 수 있습니다. 문자 기능 대용으로 카카오톡이 활용되면서 연동된 카카오스토리도 자연스럽게 확장되었습니다.

전화번호만 저장하면 카카오톡으로 자동 등록되며, 카카오톡의 프로필에서 카카오스토리를 실행할 수 있어 특별한 절차 없이 바로 사용이 가능합니다. 또한 '친구 추가' 기능이 있어 친구를 맺게 되면 '소식'이라는 곳에서 친구의 글을 실시간으로 받아볼 수 있으며, 친구 추가는 1,000명까지 가능합니다.

카카오스토리는 지극히 개인적인 일상을 보여주는 곳입니다. 전화번호를 받을 정도라면 친분이 있는 사람인데, 상업적인 내용을 올리면 외면 받기 십상입니다. 상업적으로 운영한다고 해도 일과 관련된 직접적인 내용보다는 간접적인 일상을 올려주는 것이 좋습니다.

카카오스토리에는 '페이스북 그룹'과 같은 기능으로 카카오그룹이 있으며, 추가로 '그룹 채팅'이 존재합니다. 그룹 채팅은 문자처럼 실시간으로 반응을 확인할 수 있습니다. 모임에서 만난 사람들에게 명함을 받았다면, 그 사람들의 그룹을 만들어 채팅을 통해 2차 관계를 형성할 수 있습니다.

▲ 카카오톡

▲ 카카오스토리

▲ 카카오스토리 그룹 채팅

만약 카카오스토리를 상업적으로 운영하려면 스토리채널을 이용하면 됩니다. '소식받기'라는 기능(페이스북의 '좋아요'와 같은 기능)을 통해 친구를 늘릴 수 있습니다. 페이스북의 페이지와 마찬가지로 기업의 다양한 이벤트나 할인 정보 또는 제품 정보를 받아보기 원하는 사람들이 주로 사용하게 됩니다. 스토리채널은 친구를 무한대로 늘릴 수 있으나 단방향으로만 소식을 전달할 수 있어 친구의 소식을 받아볼 수는 없습니다.

▲ 필자의 스토리채널

다음 이미지는 여성들이 가장 궁금해 하는 '예뻐지는 방법'에 대한 정보를 공유하고 있는 '바비톡'의 스토리채널입니다. 화장하는 방법, 다이어트하는 방법, 머리 예쁘게 묶는 방법 등을 올려 소통한 결과 소식 받는 사람이 66만 명 이상이고, 글을 작성하면 공유가 1,000개 이상, 느낌과 댓글이 1,000개 가까이 작성될 정도로 활성화되었습니다. 내용이 비상업적이기 때문에 공유할만한 가치가 있다고 느끼면 자신의 카카오스토리에 글을 가져오게 되고(공유), 공유자의 친구들이 그 글을 읽다보면 자연스럽게 '바비톡' 스토리채널에 방문해 '소식받기'로 이어지면서 급속도로 확산됩니다.

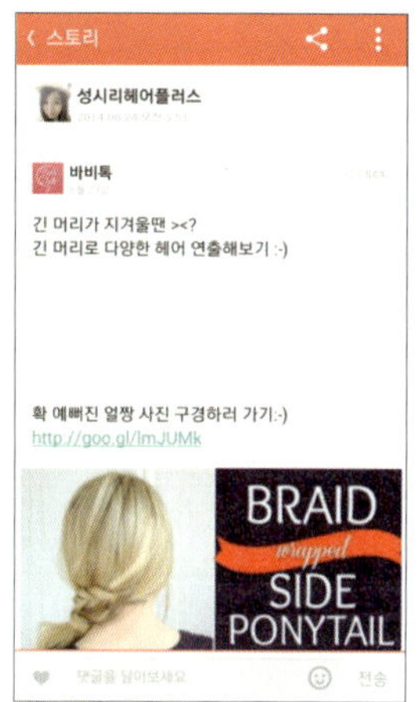

▲ 바비톡의 스토리채널

이렇게 많은 사람들과 소통하다보니 추천하는 뷰티 관련 상품은 자연스럽게 판매가 늘어나고, 관련 업종에서의 광고 문의가 끊이지 않아 매출로 이어지고 있습니다.

이와 같은 사례에서 알 수 있듯이 SNS 마케팅은 일단 사람들과의 소통이 활발히 이루어진 후에야 자연스럽게 상품 판매로 이어질 수 있다는 것을 명심해야 합니다.

3.5 밴드 인사이드

밴드는 네이버 카페와 유사한 기능을 가지고 있으며, 모임 활성화를 위해 모바일용으로 단순화 및 특화된 도구입니다. 페이스북 그룹이나 카카오톡 그룹 채팅은 실시간 채팅 중심으로 구성되어 내용이 많으면 정리가 쉽지 않고, 시간이 지나면 내용이 밀려 볼 수 없게 되는 반면, 밴드는 내용을 정리해서 볼 수 있고 실시간 채팅도 할 수 있어 소규모 그룹에서 정보를 공유하기에 탁월한 기능을 가지고 있습니다.

또한 카카오톡이나 페이스북 친구들을 밴드로 초대할 수 있어 멤버를 쉽게 늘릴 수 있습니다.

▲ 밴드

밴드는 멤버가 글을 작성하면 느낌이나 댓글을 해당 글에 작성할 수 있고, 다른 SNS 도구보다 폐쇄적으로 운영하면서 친밀도를 높일 수 있도록 기능이 구성되어 있습니다.

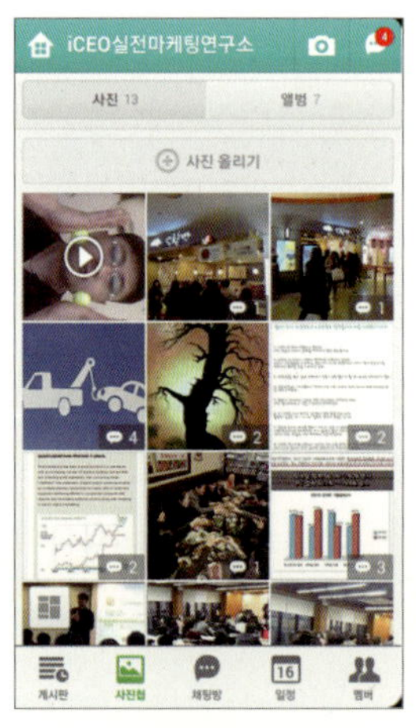 

▲ 사진만 모아서 볼 수 있는 기능 　▲ 실시간 채팅 기능

또한 사진첩과 같이 사진만 따로 볼 수 있는 기능을 제공하며, 실시간 채팅 기능도 훌륭하게 구성되어 있습니다. 모임에서 일어나는 일을 사진과 함께 올리고 느낌을 주고받으면서 실시간으로 채팅까지 할 수 있는 기능을 두루 갖추고 있습니다.

❹ SNS 마케팅 시작 전 알아야 할 **필수 항목 5가지**

SNS에 대해 쉽게 생각하고 접근했다가 성과를 보기도 전에 포기해 버리는 사람들이 의외로 많습니다. 그 이유는 단기간에 원하는 결과를 얻지 못하는 것에 따른 실망감이나 기존의 마케팅 방식으로 접근하였기 때문일 수 있습니다. SNS는 '좋아요'나 '댓글', '공유' 등의 활동을 통해 친구들 간의 관계 형성이 지속적으로 이루어져야 비로소 마케팅 효과가 나타나므로 다음 다섯 가지를 통해 고객의 니즈와 방향에 맞게 시작해야 합니다.

4.1 사람들이 SNS를 하는 근본적인 이유를 알고 시작하자!

사람들은 사생활을 보호받기를 바라면서도 왜 SNS를 할까요? 직접 만나지 않고서도 전 세계의 다양한 친구를 사귈 수 있고, 새로운 정보를 얻거나 노출시킬 수 있기 때문입니다. 따라서 SNS를 할 때 목적에 맞게 글을 올리는 것도 중요하지만 잠재 고객들이 어떤 생각으로 SNS를 하는지를 분석하고 그에 맞게 계획을 세워 글을 올리는 것이 중요합니다.

SNS는 신뢰가 바탕이 되었을 때 가치를 발휘하게 됩니다. 그래서 생각날 때마다 가끔씩 글을 올리는 것이 아니라 꾸준하게 글을 쓰는 것이 중요하며, 작성하는 내용 또한 신중해야 합니다.

신뢰성은 하루아침에 생기는 것이 아닙니다. 자신의 글에 대한 '좋아요'와 '댓글'이 없더라도 친구들이 나의 소식을 보고 있다는 사실을 인지하고, 다른 사람이 나에게 '좋아요'와 '댓글'을 달아 주기를 바라기보다 내가 먼저 적극적으로 소통하고자 하는 '셀프 리더십'을 SNS에 적용하는 것이 필요합니다. 얼굴이 보이지 않는 인터넷이라는 공간에서는 감성 커뮤니케이션이 신뢰감 형성에 더욱 큰 영향을 미칠 수 있습니다.

4.2 신뢰성을 높이기 위한 이미지 메이킹은 필수!

온라인과 오프라인 모두 신뢰의 바탕에는 지속성이 전제됩니다. SNS를 마케팅 도구로 활용하기 위해서는 자신의 일에 대한 가치와 마인드를 글을 통해 꾸준하게 보여줘야 합니다. 이것이 바로 이미지 메이킹이며 온라인상에서 신뢰성을 확보하는 방법입니다.

필자는 2012년 4월에 카카오스토리를 처음 시작했고, 페이스북은 2013년에 시작했습니다. 처음에는 사는 모습을 일기처럼 기록하고, 내가 하는 일을 주변 사람들과 나누고 싶다는 소박한 마음에서 시작했습니다. 매일 꾸준히 습관처럼 글을 올리니 하나 둘씩 친구들이 생기게 되었고, 시간이 지날수록 각종 사업과 매출에 관한 상담 문의나 사업과 관련해 초대받는 일이 늘어나게 되었습니다.

필자와 소통하는 페이스북 및 카카오스토리 친구들이 공통적으로 하는 말 중 하나는 "SNS상에서 어쩜 그렇게 한결같은 열정으로 열심히 활동하는지 보기만 해도 좋고 존경스럽네요."입니다. 이렇게 신뢰가 형성되면 마케팅 효과로 이어지게 되고 자연스럽게 매출로도 연결될 수 있습니다.

이때, 관계 형성 기간을 단축하고 싶다면 먼저 다른 사람의 글에 반응을 보이고 관심을 나타내야 합니다. 100명의 친구들이라도 집중적으로 관리하면 확실한 충성고객으로 전환할 수 있습니다. 이러한 노력이 매출 면에서뿐만 아니라 인간적인 면에서도 끈끈한 신뢰 형성으로 이어질 수 있습니다.

4.3 SNS를 사랑방처럼 편안하게 즐길 수 있어야 성공할 수 있다!

SNS를 운영하는 사람들 중에서 '좋아요' 숫자와 '댓글' 숫자에 일희일비하거나 심할 경우 강도 높은 스트레스와 강박증을 보이는 경우도 있습니다. 그러나 SNS에서는 친구 수나 '좋아요' 수 등에 신경을 쓰기보다는 즐기는 마음이 중요합니다. 대화가 잘 통하고 배울 점이 많다고 느낄 때 더 친해지고 싶은 마음이 생기듯 SNS도 편안하게 말을 걸 수 있는 관계나 이미지가 형성되면 자신을 소개하고, 인사하고, 상담하고, 감사하는 메시지들이 늘어나게 됩니다. 이런 소소한 대화의 시작이 바로 마케팅의 출발이자 매출 발생의 근간이 됩니다.

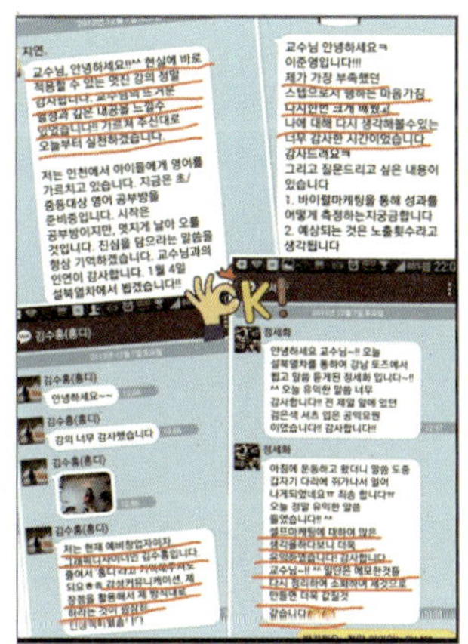

▲ 카카오톡으로 감사 인사와 문의를 하는 모습

'실전마케팅 성공비법'을 강의한 후에는 저자의 카카오톡으로 감사 메시지뿐만 아니라 자신의 일과 비전에 대한 문의를 하는 분들이 많은데, 일반 전화 상담과는 달리 편안하게 자신의 생각을 표현할 수 있기 때문일 것입니다.

4.4 실시간 소통으로 전문성을 보여줘라!

그렇다면 관계 형성을 통해 매출이 일어나는 시점은 언제일까요? 바로 고객의 궁금증이 해소되는 시점입니다. 따라서 고객의 궁금증이 빠른 시간에 실시간 소통으로 해결된다면 신뢰와 전문성을 동시에 줄 수 있습니다. 문의가 많아야 실매출도 많아지는데, SNS로 상담을 할 정도라면 이미 잠재 고객이 된 것이나 다름없습니다.

페이스북이나 카카오스토리에서 일과 관련된 전문적인 일상을 자주 보여 주면 자연스럽게 전문가로서의 인지도가 높아지면서 관련된 상담들도 늘어나기 시작합니다.

여기서 글을 잘 쓰는 것보다 더 중요한 것은 공감대를 형성할 수 있는 사례를 활용하는 것입니다.

▲ 카카오톡 상담 사례

필자에게는 유난히 SNS로 마케팅 문의가 많이 들어옵니다. 신제품 출시부터 홍보 전략까지 상담하는 사례가 늘어나면서 필자가 고객을 쫓아다니는 것이 아니라 고객이 자발적으로 문의와 상담을 통해 회사로 유입되는 것입니다.

4.5 상품이 아닌 이야기 보따리를 풀어라

SNS에서 눈살을 찌푸리게 만드는 것 중 하나가 자신의 상품을 지속적으로 스토리 없이 올리는 것입니다. 상품 사진들만 나열하니 소통을 위해 친구를 맺은 입장에서는 불쾌한 감정이 들어 떠나게 됩니다. SNS 마케팅을 성공적으로 이끌고 싶다면 지나치게 마케팅 적인 개념은 버려야 합니다. 이익을 추구하려는 조급한 마음보다 친구들과 사귀고 소통 하는 것이 향후의 성패를 좌우하게 됩니다.

실전 마케팅을 전수하면서 느끼는 것 중 하나는 사업주마다 각자의 인생 스토리가 있다 는 것입니다. 사업주들의 삶의 스토리 자체가 마케팅으로서의 가치를 지니고, 이 스토리 가 아이템과 연결되었을 때 성공 확률도 높아지게 됩니다. 이렇게 자신의 일상 속에 드 러난 일과 삶의 모습이 소통과 공감대를 형성하는 촉매제로서 다양한 프레임과 인간관 계를 형성하고 넓힐 수 있는 기회가 되기도 합니다.

무수히 많은 사람들이 창업을 하고 신제품 개발과 판로 개척을 고민합니다. 개인적으로 퍼스널 브랜드를 가지고 싶어 하는 사람들도 많이 늘어나고 있습니다. 이때 가장 빠른 파급 효과를 볼 수 있는 것이 바로 온라인과 모바일 영역입니다.

facebook & KakaoStory MARKETING

마케팅을 위한
페이스북 기본 기능 살펴보기

페이스북은 젊은층과 해외에서 많이 사용하고 있는 SNS 도구로, 사업을 하려는 분들은 반드시 공략해야 하는 툴입니다. 사용하는 용어가 어렵고 구조도 생소하지만 몇 가지 기초적인 내용만 알면 쉽게 사용할 수 있습니다. 이번 장에서는 페이스북 마케팅에서 꼭 알아야 하는 기본 기능을 살펴보겠습니다.

 **마케팅을 위한 페이스북 기본 기능 살펴보기**

SNS는 전 연령대에 걸쳐 고르게 사용하고 있기 때문에 마케팅에 적절히 활용하면 매출을 극대화할 수 있지만 제대로 접근하지 못하면 오히려 반감만 살 수 있기 때문에 원리를 확실하게 터득한 후에 접근하는 것이 중요합니다. 이번 장에서는 사용자뿐만 아니라 기업에서 마케팅으로 활용하기에 가장 적합한 도구이자 가장 많이 사용하고 있는 페이스북의 기본 기능을 알아보겠습니다.

 페이스북 프로필 만들기

페이스북으로 마케팅을 하고자 할 때 어디부터 어떻게 시작해야 할지 막막할 수 있습니다. 지금부터 하나씩 따라해 보면서 페이스북에서 가장 기본이 되는 개인 프로필로 가입하는 방법과 마케팅을 위해 환경을 설정하는 방법에 대해서 알아보겠습니다.

1.1 페이스북 화면 구성 살펴보기

페이스북을 처음 보는 사람은 화면 구성이 복잡하다고 느낄 수 있으나 구성 요소를 먼저 파악하고 나면 쉽게 이해할 수 있으니 하나씩 살펴보도록 하겠습니다. 페이스북에서 가장 많이 사용하는 곳은 뉴스피드와 타임라인입니다.

페이스북 뉴스피드 레이아웃

페이스북의 구조는 3단으로 되어 있습니다. 왼쪽은 페이스북에서 사용하는 메뉴이고, 중간은 클릭한 메뉴의 내용이 보이는 곳이며, 오른쪽은 광고 영역입니다. 뉴스피드는 프로필 바로 오른쪽에 위치하며, 기본적으로 보이는 메뉴입니다.

페이스북 타임라인 레이아웃

타임라인을 통해 친구들에게 나의 최신 소식을 전달할 수 있습니다. 타이틀 바로 밑에 타임라인이 있으며, 나의 최신 소식부터 보이도록 구성되어 있습니다.

📶 M A R K E T I N G **T I P**

- **뉴스피드(NewsFeed)** : 뉴스(소식) + 피드(정보를 주다)의 합성어로 친구의 소식을 보는 곳, 즉 내 친구의 소식을 받아보는 곳입니다.
- **타임라인(TimeLine)** : 현재 시간의 시점이라는 의미로 '자신의 현재 상태'를 쓸 수 있는 곳을 의미합니다.

1.2 페이스북 가입하기

페이스북을 사용하기 위해서는 가입을 해야 하는데, 이메일만 있으면 쉽게 가입할 수 있습니다. 먼저 웹 사이트 주소창에 'www.facebook.com'을 입력하여 이동하면, 가입 화면이 나타납니다. 성과 이름을 입력한 후 이메일과 비밀번호, 생년월일, 성별을 입력하고 [가입하기] 버튼을 클릭합니다.

성과 이름을 입력할 때에는 반드시 실명을 사용해야 합니다. 페이스북의 개인 프로필은 주변의 지인부터 친구를 맺어야 하기 때문에 회사명이나 영어로 작성하면 페이스북을 활성화시키기 어려울 수 있습니다. 단, 페이스북으로 해외 바이어나 외국인과 친구를 맺으려는 것이 목적이라면 성과 이름을 영문이나 다른 언어로 작성하는 것이 좋습니다(여기서는 국내에서 마케팅을 한다는 것을 전제로 설명을 진행하겠습니다). 가입 시 입력한 이름의 변경을 원할 경우 환경 설정에서 할 수 있습니다.

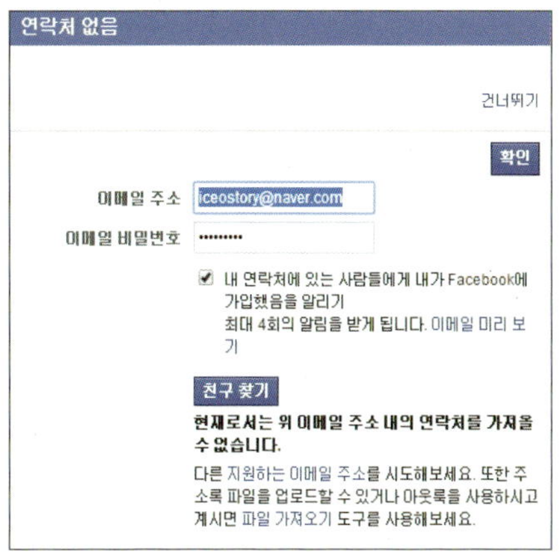

가입 후 다음 단계는 이메일에 저장되어 있는 회원 정보를 수집해서 친구들에게 자신의 페이스북 가입 알림 메시지를 자동으로 발송하는 것입니다. 페이스북을 오픈하고 친구가 없을 때 활용하면 좋으나 환경을 세팅하지 않은 상태에서 초대하면 초대에 응하지 않는 경우가 많으니 일단은 '건너뛰기'를 선택합니다.

계속해서 '건너뛰기'를 선택하면 위 그림과 같이 기본 페이스북 화면이 나타납니다. 빈 페이스북 페이지에서 하나씩 환경을 구축해 가면서 변화를 주도록 하겠습니다.

1.3 신뢰 구축을 위한 프로필 사진 바꾸기

페이스북에서 가장 중요한 요소 중 하나가 바로 프로필 사진입니다. 친구 신청을 하게
되면 보통 아는 사람을 친구로 맺게 되는데 프로필 사진이 동물 사진이나 연예인 사진
또는 기업 로고로 되어 있으면 친구 수락률이 현저히 떨어집니다.

대부분 프로필 사진을 보고 친구 수락을 하게 되는데 신청한 사람이 누구인지 알 수 없다
면 친구 신청을 잘 수락하지 않으므로 반드시 본인의 사진으로 프로필을 작성합니다.

'프로필 사진 추가'를 선택하면 '사진 업로드'와 '사진 찍기' 메뉴가 나타납니다. '사진 찍
기'는 웹캠을 이용해서 직접 사진을 촬영하여 프로필 사진을 설정하는 것이고, '사진 업
로드'는 PC에 저장되어 있는 사진을 선택하여 프로필 사진을 설정하는 것입니다.

1.4 특이한 커버가 방문자를 끌어들인다

페이스북에는 수많은 사람들이 수시로 스쳐 지나갑니다. 이렇게 지나가는 사람들을 자신의 페이스북에 머무르게 하는 방법 중 하나는 특이한 커버로 디자인하는 것입니다. 복잡한 시장에서 특이한 간판이 걸려 있는 곳에 눈길이 머물듯 수많은 페이스북에서 특이한 커버는 방문자의 눈길을 끌고 방문을 유도하기 때문입니다.

다음 화면은 자신의 패스포트(신분증)를 커버 사진으로 설정한 경우로, 한 번 방문했던 사람들이 재미를 느끼고 다시 방문할 수 있도록 유도한 것입니다.

다음 사용자는 ET와 교류하는 것처럼 커버 사진을 코믹하게 구성하였습니다. 실제 이 개인 페이지는 글 내용도 재미있어서 많은 사람들이 방문하고 있습니다.

이처럼 커버 사진과 프로필 사진이 연결된 것처럼 보이도록 구성하는 것도 좋은 방법입니다. 메인 커버 사진 사이즈는 '851×315Pixels', 프로필 사진은 '180×180Pixels'이며, 프로필 사진과 커버 사진이 겹치는 부분의 크기는 가로 170Pixels, 세로 115Pixels이므로 연결된 그림을 만들기 위해서는 잘 계산하여 작성해야 합니다.

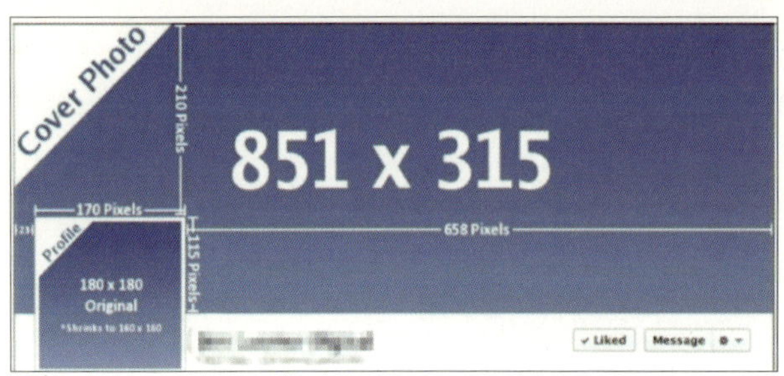

커버 사진 선택 시 주의사항

페이스북에서는 개인 프로필의 커버 사진을 철저하게 단속하고 있습니다. 배너 광고나 기타 홍보성 이미지 또는 저작권을 위반하는 이미지나 다른 사람의 커버를 사용할 경우 제재가 가해집니다.

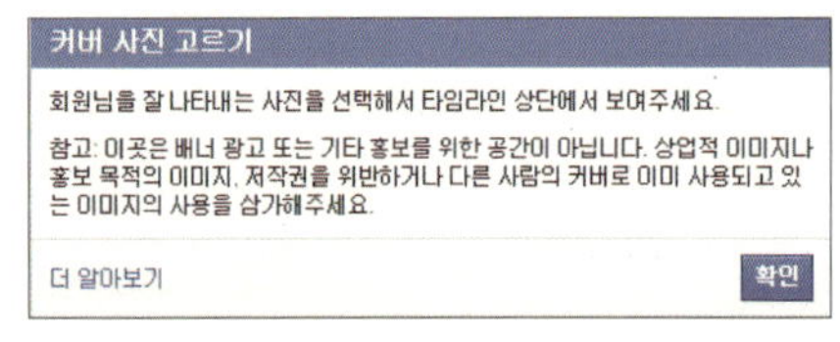

페이스북의 커버 사진을 삽입할 때 다음과 같은 경우 제재를 당하게 될 수 있으니 주의
합니다.

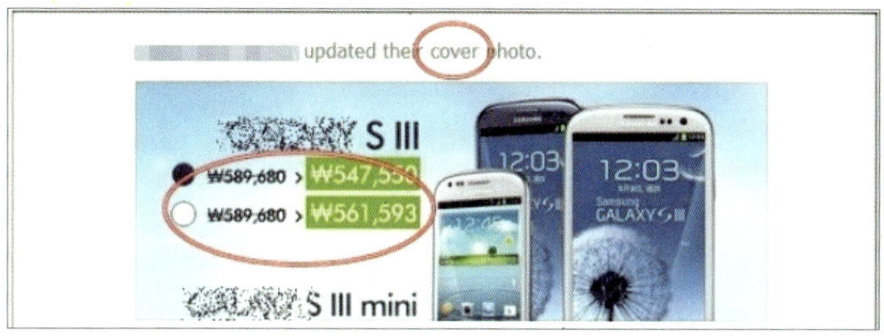

▲ 커버에 상품의 가격을 올려놓은 경우

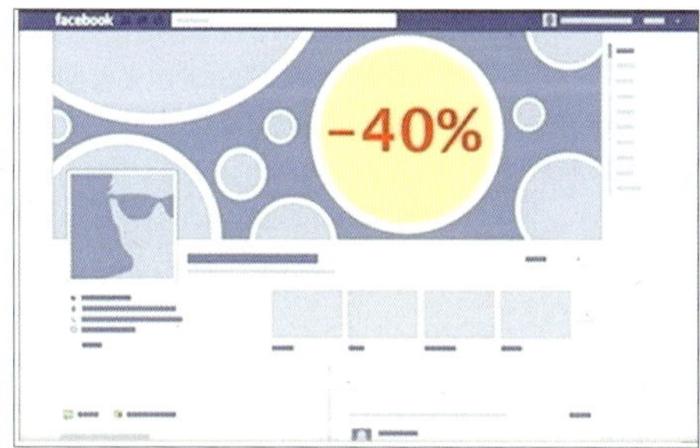

▲ 할인 정보를 넣은 경우

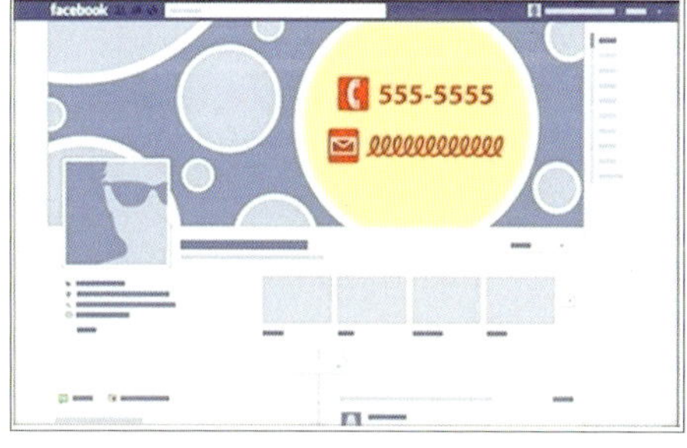

▲ 전화번호나 이메일을 올려놓은 경우

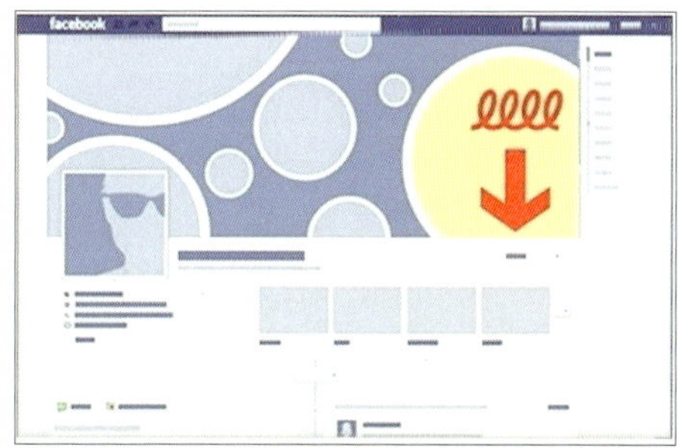

▲ '좋아요'를 꼭 눌러 달라는 행동 유발 단어를
  넣은 경우

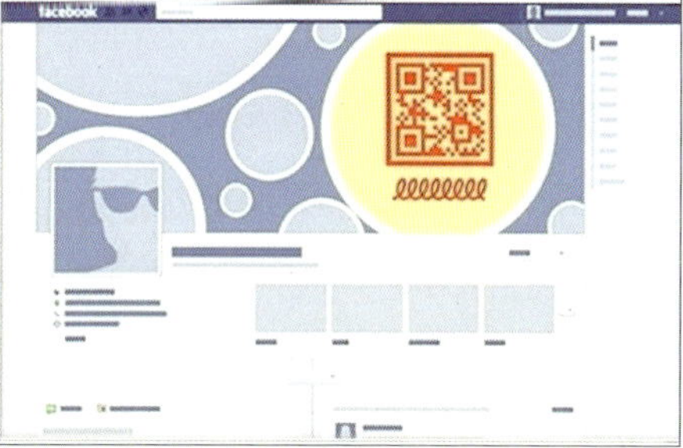

▲ QR 코드를 삽입한 경우

❷ 페이스북 환경설정하기

처음 페이스북을 접하면 사용하는 용어 때문에 당황할 수 있습니다. 하지만 몇 가지만 익혀두면 쉽게 페이스북을 사용할 수 있으므로 기본 용어와 환경설정 방법을 알아보도록 하겠습니다.

페이스북은 환경설정을 어떻게 했느냐에 따라 재방문 여부가 결정되는 특징을 가지고 있습니다. 환경을 잘 구축해 놓아야만 브랜드 인지도를 높일 수 있으며, 고정 방문객을 유입시킬 수 있습니다. 환경설정은 한 번 구성하면 다시 바꾸기 어려우니 신중히 하는 것이 좋습니다.

2.1 관리 메뉴 살펴보기

관리 메뉴는 페이스북 오른쪽 상단 끝에 위치하며, 페이스북 운영자의 운영 목적에 따라 환경을 설정하고 변경할 수 있는 기능이 있습니다.

▲ 환경설정 메뉴

이름 설정하기

'설정'을 선택한 후 '일반–이름' 항목에서 '수정'을 클릭하면 페이스북에 가입할 때 입력한 이름을 수정하거나 다른 이름을 지정할 수 있습니다.

페이스북은 친구를 맺고, 친구들의 소식을 듣는 것이 목적인 만큼 영문 이름이나 회사 이름보다는 원활한 관계 형성을 위해 쉽게 검색을 통하여 찾아볼 수 있도록 실명으로 설정하는 것이 좋습니다. 이름 표시 순서도 우리나라 어순으로 선택합니다.

이름 설정에서 가장 중요한 것은 '다른 이름' 설정입니다. 다른 이름은 페이스북 홈 화면에서 본인의 이름 옆에 표시되는 이름입니다. 여기에 자신의 전문 분야를 나타낼 수 있는 핵심 키워드를 입력하면 방문자들이 운영자가 어떤 사람이라는 것을 즉시 알 수 있습니다. 다른 이름은 4글자까지 설정할 수 있으며, 다른 사람들이 내 이름과 다른 이름을 입력했을 때 검색이 가능합니다. 예를 들어 다른 이름을 '실전홍보'로 설정하고 검색에서 '실전홍보'를 입력하면 이 이름을 사용하는 사용자들을 검색할 수 있습니다.

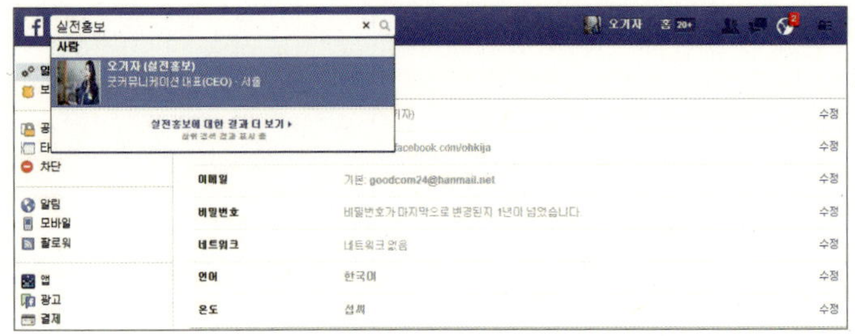

위 그림처럼 페이스북 검색창에서 '실전홍보'로 검색했을 때 화면 아래쪽 '사람' 항목에 '오기자(실전홍보)'가 나타나게 됩니다. 친구나 거래처에 자신의 이름 또는 다른 이름을 알려주면 쉽게 페이스북을 찾을 수 있습니다. 쇼핑몰이나 오프라인 사업자의 경우 별칭 이나 쇼핑몰 이름 또는 회사 이름을 4글자에 맞게 줄여서 입력하고 마케팅할 때 별칭으로 활용할 수 있습니다.

사용자 이름 설정하기

다음은 '사용자 이름(URL)'입니다. 처음 페이스북을 개설할 때 설정하지 않았다면 페이스북에서 자동으로 주소를 생성합니다. 사용자 이름은 내 페이스북 주소를 나타내며 최초 변경 후 1회 이상 수정이 불가하므로 자신의 페이스북 주소를 가장 쉽고 효과적으로 알릴 수 있도록 설정하는 것이 중요합니다. 전화번호, 홈페이지 주소, 이메일 등을 짧고 간결하게 설정하는 것이 가장 효율적입니다.

이메일 주소와 기본 언어 설정하기

이메일 주소를 설정하면 나뿐 아니라 나와 관련된 친구들의 페이스북에서 이루어지는 모든 활동 내용이 이메일로 전송됩니다. 활동이 많아질수록 수신 메일이 많아지므로 업무 메일과는 다른 별도의 메일을 설정해 사용하는 것이 편리합니다.

기본 언어로 '한국어'를 선택한 후 변경 내용을 저장하면 한국어가 기본적으로 표시됩니다.

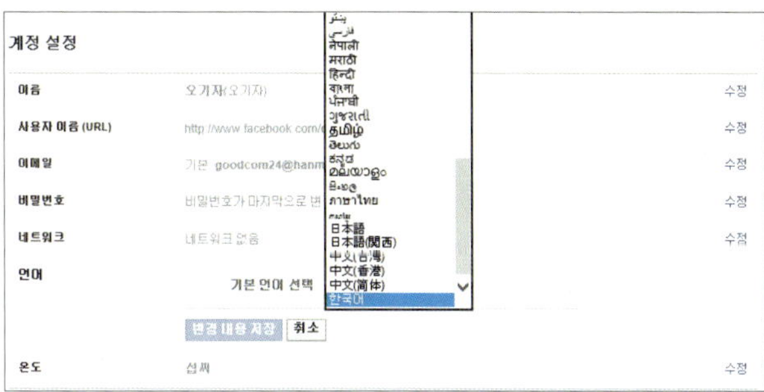

2.2 전체 관리자 메뉴 살펴보기

페이스북을 운영하기 위해 필요한 메뉴는 모두 페이스북 상단에 위치합니다. 페이스북 로고를 클릭하면 운영자의 뉴스피드로 이동하며, 오른쪽의 운영자 사진과 이름을 클릭하면 개인 타임라인으로 이동합니다. 또한 상단 오른쪽 메뉴에는 '더블피플 아이콘, 메시지 아이콘, 지구본 아이콘' 등 운영에 필요한 알림 아이콘들이 나란히 위치하고 있습니다.

'더블피플' 아이콘은 친구 신청 목록을 확인할 수 있으며, 친구 찾기 기능도 포함되어 있습니다. 새로운 친구가 친구 신청을 하면 해당 수만큼 숫자로 표시해 줍니다. 더블피플 아이콘을 클릭하면 '친구 요청' 목록과 '알 수도 있는 사람' 목록으로 구분된 것을 확인할 수 있습니다. '친구 요청' 목록에는 페이스북에서 나에게 친구를 신청한 사람의 목록이 표시되는데 [확인] 버튼을 클릭하면 친구가 되고, [요청 삭제] 버튼을 클릭하면 친구가 맺어지지 않습니다.

친구 요청을 제한하는 방법

페이스북을 운영하다 보면 전혀 모르는 사람에게 친구 요청이 들어오는 경우가 많은데, 사생활 공개가 꺼려진다면 친구 요청 오른쪽에 위치한 '설정' 메뉴를 클릭하여 '모든 사람'으로 설정되어 있는 항목을 '친구의 친구'로 설정하여 제한할 수 있습니다.

▲ 친구 요청 설정 범위 화면

'알 수도 있는 사람' 목록에는 내 친구와 친구로 연결되어 있는 사람들의 목록이 표시됩니다. 예를 들어 목록의 오른쪽에 '함께 아는 친구 85명'이라고 나타난다면, 이는 내 친구들 중에서 친구로 맺어진 사람의 숫자를 의미합니다. 나와 친구인 사람들이 많이 알고 있다면, 나도 아는 사람일 가능성이 높다는 것을 통계로 분석해서 보여 주는 것입니다. '친구 추가'를 클릭하면 해당 친구에게 '친구 요청'이 전달됩니다.

친구 신청은 신중하게

페이스북에서는 친구 신청을 신중하게 해야 합니다. 모르는 사람에게 주기적으로 친구 신청을 보내고, 해당 사람이 허락하지 않을 때는 7일 혹은 30일 등 일정 기간 동안 페이스북을 사용하지 못하게 되는 제재를 받을 수 있습니다.

'메시지' 아이콘은 운영자에게 수신된 메시지 목록을 보거나 다른 사람에게 메시지를 발송하는 것입니다. 메시지가 도착하면 메시지 수를 숫자로 표시해 줍니다.

메시지 아이콘을 클릭하면 대화를 보낸 사람 목록이 나타나고, 해당 사람을 클릭하면 오른쪽 하단에 실시간으로 채팅을 할 수 있는 창이 나타납니다. 채팅창 위에 아이콘을 클릭하면 영상 통화나 3~4명 이상의 다수가 함께 채팅을 할 수도 있습니다.

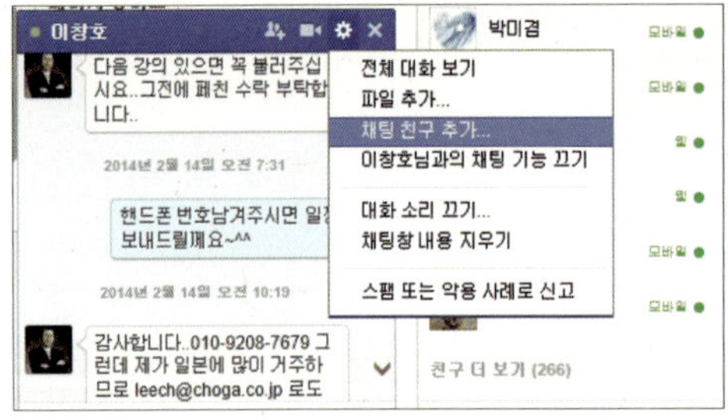

'지구본' 아이콘은 각종 알림 내용을 확인할 수 있는 것으로, 친구들의 초대 및 게시글에 대한 내역 확인이 가능합니다. 지구본 아이콘을 클릭하면 친구들이 나에게 취한 모든 액션을 확인할 수 있습니다.

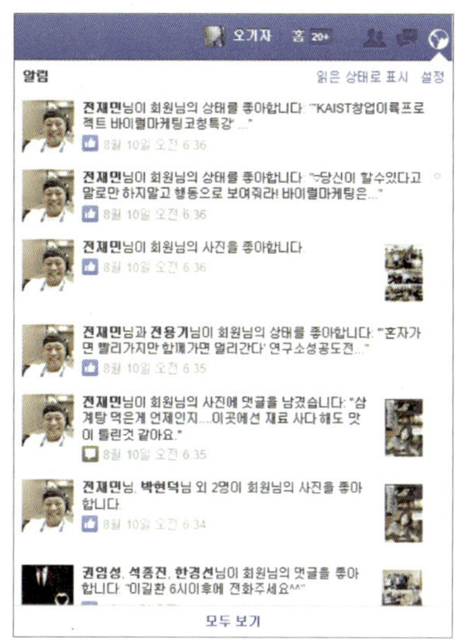

페이스북 화면 상단의 관리 메뉴를 선택하고 '설정-알림'을 클릭하면 알림을 받는 방법과 알림 받을 항목을 선택할 수 있습니다.

2.3 친구를 늘리기 위해 내 정보 입력하기

페이스북의 '친구 찾기'에서는 조건이 맞는 사람을 우선적으로 노출시켜주기 때문에 자신과 친분이 있는 사람과 친구를 많이 맺고 싶디면 개인징보를 충실히 입력해야 합니다. 친구 찾기 기능은 다음 장에서 자세히 다루도록 하고 우선 충실한 개인정보 입력을 위해 개인 정보를 수정하는 방법에 대해서 알아보겠습니다.

타임라인 화면의 '정보' 탭에서는 페이스북 운영자의 개인 정보를 변경하고, 다른 이들에게 내 정보를 보여주는 범위를 설정할 수 있습니다. 정보 공개는 온라인상에서 발생할 수 있는 불신의 범위를 최소화해 신뢰도를 높일 수 있는 기능으로, 직업과 출신지, 출신학교 공개는 학연, 지연, 혈연처럼 신뢰를 바탕으로 친구 관계를 더욱 확대할 수 있는 효과가 있습니다. '정보'를 클릭하면 정보를 수정할 수 있는 페이지로 이동합니다. 경력 및 학력 정보를 수정하기 위해 [수정] 버튼을 클릭하고 각 항목의 질문에 맞게 순서대로 입력하면 됩니다.

먼저 직장을 입력하면 아래쪽에 해당 목록이 나타나므로 선택할 수 있습니다. 다음으로 직위와 도시, 설명, 기간을 입력합니다. 여기서 '현재 재직 중' 항목에 체크하지 않으면 직업 및 직위에 대한 내용이 홈 화면에서 '~에 근무했었습니다'라는 과거형으로 표현되므로 유의합니다. 따라서 현재의 직업 및 직위로 설정하기 위해 반드시 '현재 재직 중'에 체크하도록 합니다. 같은 방법으로 대학교와 고등학교도 입력합니다.

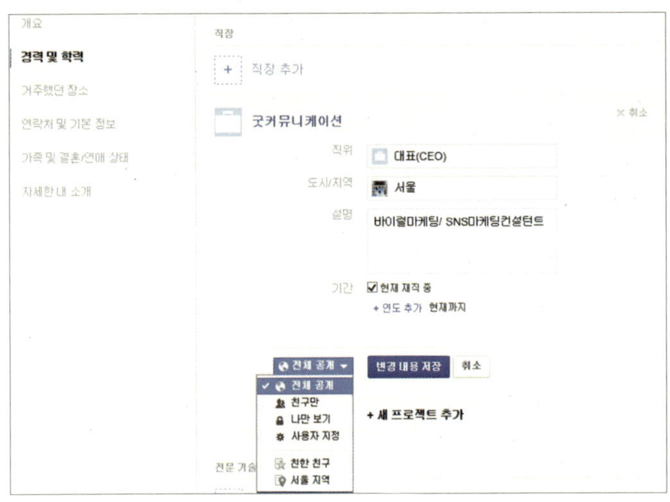

'정보' 탭은 친구들과 친구가 되기 전 사용자에 대한 신뢰도를 측정할 수 있는 가장 중요한 정보입니다. 직업에 대한 정보도 미공개이고 얼굴도 확인할 수 없는 사람과 친구가 되기는 쉽지 않기 때문입니다. 페이스북은 개인 간의 신뢰 형성을 바탕으로 한 관계 마케팅이므로 정보 공개를 통해 운영자의 업무적인 정보를 노출하고 타임라인의 글에서는 관련된 일상을 보여줌으로써 1:1 관계를 형성해 주는 것이 중요합니다.

❸ 뉴스피드와 엣지랭크

뉴스피드는 친구의 소식을 실시간으로 보여주는 곳입니다. 페이스북으로 마케팅을 하거나 자신의 상품을 알리고 싶다면 이 뉴스피드를 잘 활용해야 합니다. 뉴스피드에는 내 모든 친구의 소식이 시간 순서대로 올라오는 것이 아니라 페이스북 자체 알고리즘에 따라 자동으로 순서가 정해져 노출됩니다. 가장 상위에 노출된다면 많은 사람들이 반응을 보이게 됩니다. 이번 절에서는 뉴스피드와 자신의 소식이 상위에 노출되는 방법을 알아보겠습니다.

3.1 뉴스피드 살펴보기

facebook 로고를 클릭하면 뉴스피드로 연결됩니다. 뉴스피드에서는 실시간으로 올라오는 친구들의 소식을 볼 수 있습니다. 이때 친구가 5,000명이라고 해서 5,000명의 글이 모두 나타나는 것은 아닙니다. 너무 많은 글이 뉴스피드에 노출되면 오히려 관리가 어렵기 때문에 페이스북에서는 일정 조건에 맞는 사람의 글만 노출되도록 구성되어 있습니다.

친구의 소식을 더 이상 받고 싶지 않을 때

뉴스피드에서 친구의 소식을 더 이상 받아보고 싶지 않을 때에는 간단한 설정만으로 차단할 수 있습니다. 친구 이름 옆에 'v' 표시를 클릭하면 메뉴가 나타납니다.

· 보고 싶지 않습니다 : 해당 게시글이 뉴스피드에서 사라집니다.

· 팔로우 취소 : 이 친구의 모든 게시글이 더 이상 뉴스피드에 나타나지 않습니다.

3.2 엣지랭크(Edge Rank)란?

친구가 늘어나면 순식간에 많은 소식이 뉴스피드에 올라오는데, 이렇게 되면 정작 친한 친구의 소식을 받아볼 수 없기 때문에 페이스북에서 자체적으로 노출되는 소식의 순서를 정해주는 것이 엣지랭크입니다. 이 엣지랭크에서 우선적으로 노출되지 못하면 소식을 알리거나 알기가 수월하지 않기 때문에 방문객도 줄어들게 됩니다.

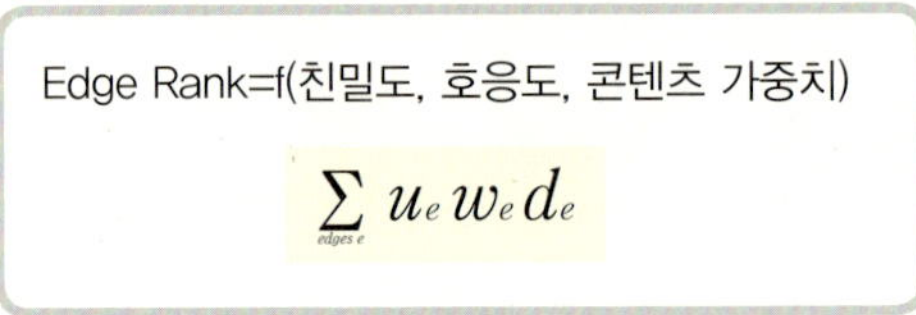

이 수식은 페이스북에서 밝힌 엣지랭크 알고리즘입니다. 좀 더 자세히 알아보겠습니다.

$$\sum_{edges\ e} u_e\, w_e\, d_e$$

Affinity(친밀도)

- 글 노출 순서는 친밀도가 우선 시 됩니다.
- 좋아요, 댓글, 공유로 인해 친밀도가 높은 사람의 글이 상위에 노출됩니다.

Weight(콘텐츠 가중치)

- 콘텐츠의 질이 우수한가를 판단합니다.
- 우선순위는 '이미지, 동영상 〉이벤트 〉텍스트' 순입니다.

Decay(소멸성)

- 최신 글을 우선 시 합니다.

이런 기본적인 알고리즘을 바탕으로 뉴스피드에 소식들이 배치되는데 페이스북에서의 각 액션, 즉 행동마다 가중치를 두어 좀 더 높은 점수를 상위에 노출시킵니다.

엣지랭크에서 가장 가중치가 높은 행동은 '공유하기 〉댓글 달기 〉좋아요 클릭 〉클릭'순
입니다.

엣지랭크 상위에 노출하는 방법

엣지랭크에서 친구의 뉴스피드에 내 글이 우선적으로 보이려면 해당 친구가 나의 글을 공유하거나 댓글을 달
거나 '좋아요'를 클릭해야 합니다. 친한 친구일수록 이런 행동을 한다고 판단해서 글을 상위에 노출시켜 주는
것입니다. 따라서 친구의 글에 내가 먼저 댓글을 달거나 '좋아요'를 클릭하면 해당 친구도 답변을 하게 되어
서로의 글이 서로의 페이스북 페이지에 노출됩니다.

필자의 뉴스피드를 예로 들어 보겠습니다.

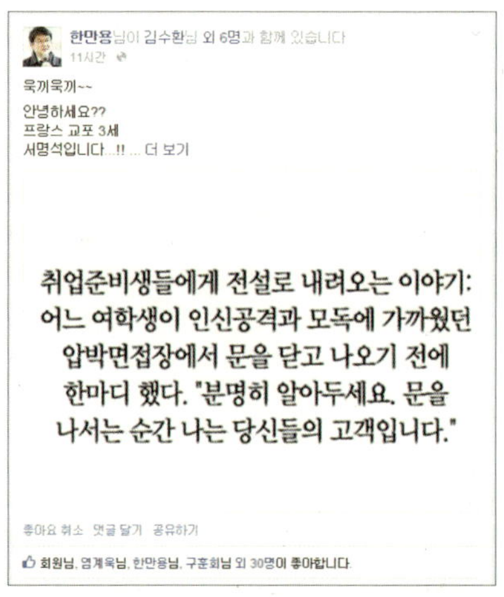

뉴스피드에서 올린 시간을 자세히 보면 이해가 쉽습니다. 왼쪽 그림은 17시간 전에 올라
온 글이며, 오른쪽 그림은 11시간 전에 올라온 글입니다. 하지만 17시간 전에 올린 글이
먼저 보이는 이유는 필자가 '김현동'님과 더 많은 소통을 했기 때문이고, 글이 올라오면
좋아요나 댓글 또는 공유를 많이 했기 때문에 시간이 많이 지났다 하더라도 올려도 필자
의 뉴스피드에는 항상 상위에 노출되는 것입니다. 또한 '김현동'이라는 분도 제 글에 댓
글과 공감 그리고 좋아요를 많이 눌러주고 있기 때문에 서로의 뉴스피드 상위에 소식이
노출되는 것입니다.

왜 좋아요, 댓글, 공유하기를 눌러야 하나?

페이스북을 운영하면서 가장 많이 듣는 이야기가 바로 '좋아요(Like)'입니다. 2003년 10월 28일 하버드대학의 학생이었던 마크 주커버그(Mark Zuckerburg)가 하버드대 학생들끼리 서로 얼굴을 공유하는 페이스매시(Facemash)를 만들어 공유한 것이 페이스북의 시작입니다. 그동안 모든 인터넷 사이트에서 정보 공유는 하이퍼링크를 통해서 이루어졌습니다. 하이퍼링크는 연결되는 내용을 링크시켜 이동하여 보여주는 기능으로 정보는 제공할 수 있지만 감정이나 생각을 공유할 수 없는 단방향성이었습니다. 하지만 페이스북의 2010년 3월부터 시작된 '좋아요'는 쌍방향으로 서로의 감정을 주고받을 수 있는 기능으로 '소셜네트워크'의 기초를 다지게 됩니다.

이처럼 페이스북은 쌍방향 소통을 기본으로 하고 있습니다. 하지만 친구의 숫자가 늘어나면서 문제에 봉착하게 됩니다. 뉴스피드에 친구들의 소식이 하루에도 몇 백 개에서 몇 천 개씩 올라오니 진정 필요로 하는 정보는 확인할 수 없게 된 것입니다. 그래서 만들어 낸 것이 '소통이 잘 되는 친구의 소식부터 우선적으로 보여주자'였고, 소통이 잘 된다는 것의 기준을 만든 것이 바로 '엣지랭크'입니다. 소통이 잘 되는 친구의 기준은 '공유하기 〉댓글 〉좋아요' 순으로 정해지므로 친구들의 글에 자신이 댓글을 달거나 '좋아요'를 누르고 이렇게 소통하는 글들이 뉴스피드에 보이게 됩니다. 따라서 친구의 소식을 먼저 받아보고 싶다면 '좋아요'부터 눌러야 합니다.

facebook & KakaoStory MARKETING

마케팅의 시작!
페이스북에 글 쓰고 친구 늘리기

SNS에서는 글을 통해 사람과 소통합니다. 따라서 어떻게 글을 작성하느냐에 따라 친구가 늘어나기도 하고 매출이 발생하기도 합니다. 이번 장에서는 페이스북 사용자들이 선호하는 글쓰기와 친구 늘리는 방법을 알아봅니다.

04

마케팅의 시작!
페이스북에 글 쓰고 친구 늘리기

오프라인에서 친구를 사귀려면 만남을 갖고 대화를 하는 과정을 거치게 됩니다. 마찬가지로 페이스북에서도 모르는 사람에게 자신을 소개하여 친구를 맺고 소통하는 과정이 필요합니다. 그 첫 단추가 바로 글을 쓰고, 친구를 맺는 일입니다. 이번 장에서는 페이스북에서 어떻게 하면 글을 잘 쓰고 많은 사람들과 친구를 맺을 수 있는지 알아보겠습니다.

❶ 친구를 부르는 페이스북 글쓰기

페이스북을 활용한 마케팅에서 가장 중요한 것은 '글을 어떻게 쓰느냐'입니다. 개인 프로필에는 가능하면 상업적인 내용을 배제하고 정보나 개인적 일상을 올려야 많은 친구를 확보할 수 있고, 소통할 수 있다고 여러 번 강조했습니다.

페이스북에서 글을 쓰려면 뉴스피드의 '업데이트' 하단이나 타임라인의 '상태' 하단의 빈 공간을 클릭하면 됩니다.

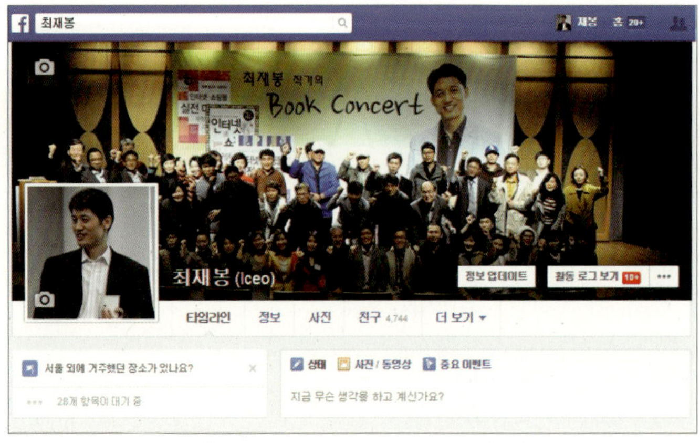

많은 사람들이 읽고 싶은 글쓰기
- SNS의 특성상 사용자의 대부분이 짧은 글을 선호합니다. 때문에 80자 이내에서 글을 작성해야 많은 클릭을 유도할 수 있습니다.
- 상대편과 대화하듯 나의 이야기를 쓰면 상대편도 그에 응하는 경우가 많습니다. 따라서 긍정적인 글과 퀄리티 있는 사진으로 이야기를 하는 것이 좋습니다.

이미지를 올리고 싶을 때는 글쓰기 하단에 있는 '카메라' 아이콘을 활용합니다. 아이콘을 클릭하면 이미지 선택창이 나타나고 올릴 사진을 선택한 후 [열기]를 클릭합니다. 글의 분위기에 맞고 코믹하거나 재치 있는 사진을 활용하는 것이 반응을 얻기에 좋습니다. 따라서 주제에 맞는 사진을 먼저 선정한 후 글을 써내려가는 것이 좋습니다.

해당 글을 나 혼자만 보는 것이 아니라 내 친구들의 상태에도 공유할 수 있습니다. 이 기능은 모임에 참석한 사람들의 사진이나 후기를 서로 공유할 때 활용하면 좋습니다. 또한 글의 확산이 빠르기 때문에 이벤트를 하기에도 좋은 기능입니다. 글쓰기 창 메뉴의 '게시물에서 사람들 태그하기' 아이콘을 클릭하면 바로 위에 사람 이름이 입력란에 나타납니다. 이곳에서 친구 이름을 검색해 봅니다. '성'만 입력해도 해당하는 친구의 리스트가 모두 나타나므로 클릭하여 선택할 수 있습니다.

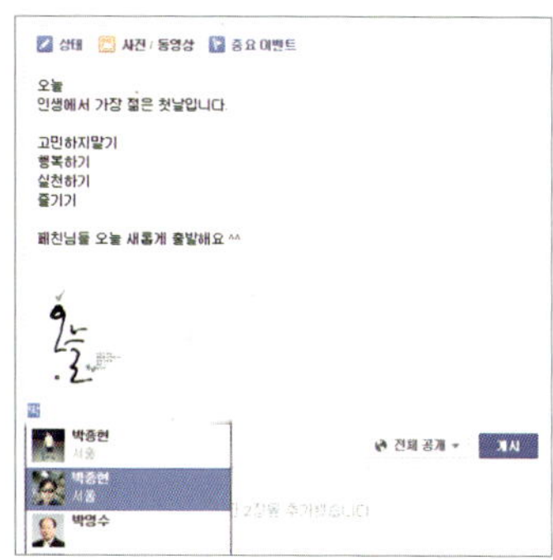

이렇게 친구를 추가하고 글을 올리면 태그된 친구들의 페이스북에 내 글이 올라가 있는 것을 확인할 수 있습니다. 만약 친구의 친구 숫자가 5,000명이라면 이 모든 사람들에게 내 글이 노출되는 것입니다.

MARKETING TIP

보통 페이스북은 최신순으로 글을 보여 줍니다. 하지만 등록하는 일자를 조절해서 순서를 바꿀 수도 있습니다. 이 기능은 며칠 전의 일상을 오늘 올리게 될 때 활용하면 좋습니다.

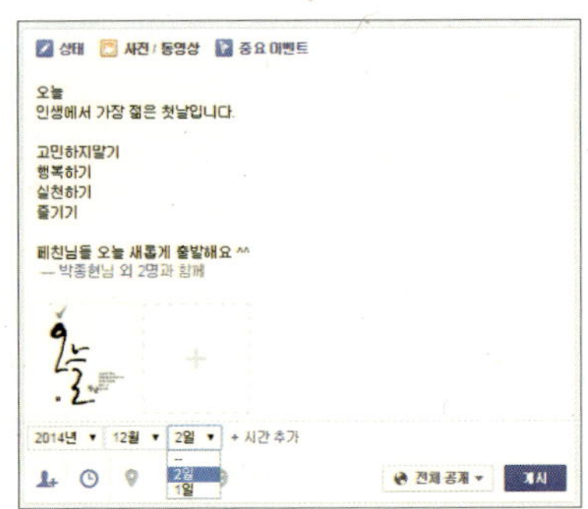

기업에서는 많은 이벤트나 행사를 하게 되는데, 해당 일에 모든 글을 올릴 수 없는 경우가 있습니다. 이때 이 기능을 활용하면 좋습니다. 예를 들어 어제 한 행사 내용을 오늘 올리게 되었을 때, 어제 날짜로 입력하면 날짜와 시간 순서대로 보이기 때문에 내용 정리가 쉽습니다.

글을 작성할 때 장소를 설정할 수도 있습니다. 이 기능은 행사를 했을 때나 여행을 갔을 때 위치를 등록할 수 있는 기능입니다. 장소 아이콘을 클릭하면 지도가 나타나고 '지명' 또는 '장소'를 입력하면 자동으로 검색되어 원하는 지역이나 장소를 선택할 수 있습니다.

이 기능은 자신이 운영하는 가게를 수시로 보여주거나 행사나 이벤트 장소로 사람들을 안내할 때 활용하면 좋습니다.

사생활을 모든 사람에게 공개하는 것이 부담스러울 때는 '공개 설정' 기능을 활용하면 됩니다. 나를 홍보할 때는 '전체 공개'를 사용하지만, 개인적인 사생활은 '친구만' 또는 '나만 보기' 등의 설정을 통해 공개 범위를 지정할 수 있습니다.

이 기능은 친구를 늘릴 때 활용하면 좋습니다. 예를 들어, 할인 쿠폰이나 자신의 제품과 관련된 유용한 정보를 '친구만' 볼 수 있게 설정하면 방문한 사람이 쿠폰이나 정보를 보기 위해서 '친구 추가' 신청을 하게 됩니다. 이렇게 글을 작성하고 옵션들을 설정해 [게시] 버튼을 클릭하면 설정에 맞게 내 페이스북에 글이 올라가게 됩니다.

❷ 사람을 모으는 글 vs 사람이 떠나는 글

페이스북은 1:1 관계 형성 마케팅이므로 글쓰기를 통해 친밀감을 높여주는 것이 중요합니다. 페이스북에 어떤 글을 올리느냐에 따라 호응도가 달라집니다. 사람을 끄는 글은 자신의 일상을 보여주는 글이므로 나의 얼굴이 담긴 이미지나 동영상을 함께 올려 친밀감을 형성해 주는 것이 중요합니다. 마케팅을 목적으로 활용하기 위해서는 내가 하는 일을 간접적으로 일상처럼 올려주는 것이 포인트입니다.

반대로 사람을 떠나게 하는 글은 노골적으로 제품을 홍보하거나 사이트 유입을 유도하기 위해 링크를 거는 것입니다. 이런 글은 1:1 관계 형성에 부담감과 거부감을 주어 친구들이 떠나가게 됩니다.

다음은 '화방넷'이라는 그림 용품을 판매하는 곳에서 운영하는 페이스북입니다. 미술과 관련된 이야기를 쓰고 내용 중에 자연스럽게 쇼핑몰로 링크를 걸어 많은 사람들의 방문을 유도하고 있습니다.

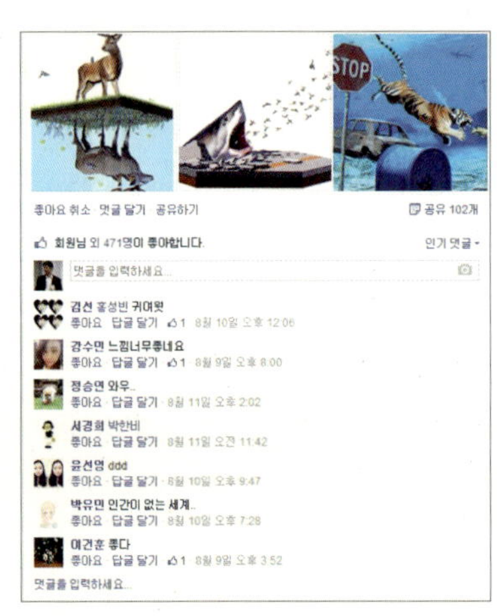

미술 재료를 구매하는 사람들은 미술 작품에 관심을 가지고 있는 사람들이 대부분입니다. 그래서 미술과 관련된 내용을 올린 후 하단에 '미술재료 바로가기 : www.화방.net'과 같이 쇼핑몰로 연결될 수 있도록 글을 작성하였습니다. 이 글은 '공유'가 102개, 좋아요'가 471개인 인기글이 되었고, 그로 인해서 쇼핑몰 방문객이 증가하였습니다.

2.1 고객은 어떤 글을 좋아하는가?

작성된 콘텐츠에 따라 '좋아요'를 누르고 댓글 반응이 좋은 것은 '사진 〉동영상 〉상태 〉링크 〉음악 〉체크인' 순입니다. 실제로 글 종류에 따른 작성 비율에서는 링크가 50%를 넘어서고 있으나, '좋아요' 반응은 사진이

7.26점으로 가장 높다는 것을 알 수 있습니다. 이처럼 통계 결과를 통해 사진을 활용하는 것이 관계 형성에 효과적이라는 알 수 있습니다.

글 종류에 따른 평균 댓글 수 현황을 보여주는 통계 자료 역시 글을 작성할 때 텍스트만 올리는 것보다 사진과 함께 올려주는 것이 훨씬 효과적이라는 것을 알 수 있습니다.

2.2 효과적인 글쓰기 방법

페이스북에서 개인 프로필을 운영할 때는 자신의 사진과 함께 글을 작성하는 것이 친구들에게 '댓글'과 '좋아요'를 유도할 수 있고, 기업 페이지를 운영할 때는 상업적인 내용보다는 도움이 되는 정보나 시각적인 흥미를 유발할 수 있는 만화를 활용하는 것이 고정 방문객을 만드는 데 효과적입니다.

개인 프로필에 글 쓰는 방법

개인 프로필에 글을 쓸 때는 일반 사진보다 개인적인 사진을 선택하고, 내용은 짧지만 의도에 맞고 일과 관련된 스토리와 함께 현재 시점으로 작성해서 올리는 것이 좋습니다. 또한 SNS는 길게 작성하는 것보다 짧게 작성하는 것이 효과적이며, '결론(1줄) 〉 설명(2~3줄) 〉 마무리(1줄)'의 구성으로 글의 흐름을 잡는 것이 좋습니다.

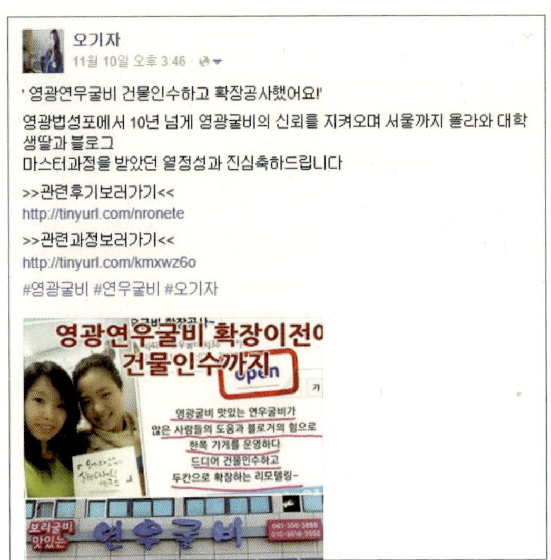

▲ 개인 상태 글 작성 사례

위 그림은 일상을 통해 간접적으로 바이럴 마케팅 전문가로서의 역량을 짧지만 자연스럽게 보여주는 글쓰기 사례입니다.

성공적인 글쓰기 방법 1 : 꾸준한 정보를 제공하라

성공적인 페이스북 운영으로 잘 알려진 '고도원의 아침편지'에 대해 알아보겠습니다. 현재 105,986명이 '좋아요'를 누른 활성화된 페이지입니다. 이 페이지의 특징은 하루 하나씩 일관성 있게 도움이 되는 글이 올라온다는 것입니다. 그러다보니 고정적으로 내용을 기다리는 팬이 생겨

났고, 각각의 글마다 '좋아요'가 천여 건이 넘고, 공유도 백여 건이 넘을 정도로 폭발적인 반응을 보여 줍니다.

성공적인 글쓰기 방법 2 : 제품과 관련된 글을 만화로 표현하라

상업적인 페이지에 글을 작성할 때는 간단명료하게 글을 작성하고 만화와 함께 보여주면 반응도가 높게 나타납니다. 다음은 '청춘푸드'라는 다이어트 식품을 판매하는 쇼핑몰에서 운영하는 페이지입니다. 현재 3,793명의 '좋아요' 팬이 있으며 글에 대한 반응도 2,000명이 넘을 만큼 뜨거운 것을 확인할 수 있습니다.

사실 내용을 보면 간단명료하게 작성되었습니다. '술로 인해 배만 뽈록 나온 친구 TAG! 오늘 술 약속 있다면 꼭 한번 보고 가세요'처럼 관심을 유도하는 글과 행동을 유발하는 단어를 작성하고 끝으로 링크를 걸어 쇼핑몰로 유도했습니다. 글에 대한 반응을 보면 '좋아요' 2,048개, '공유' 330개, 그리고 '댓글' 1,023개가 달렸습니다. '좋아요'를 누른 사람 중에 50%가 댓글을 달고 있음을 알 수 있습니다.

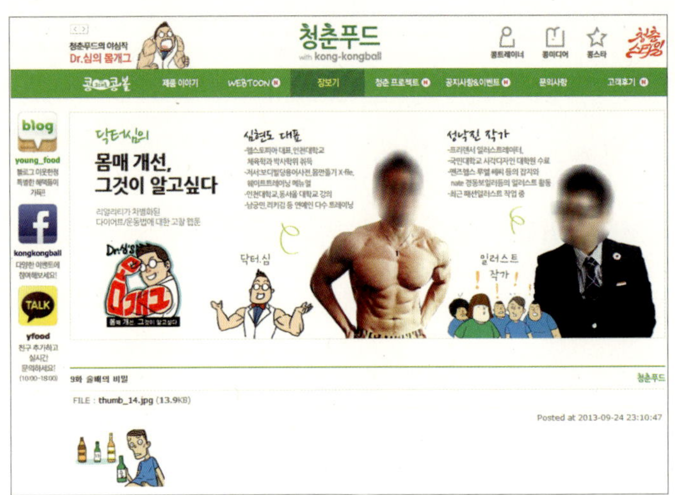

링크를 클릭하여 쇼핑몰에 접속하면 원본 글에도 댓글이 많이 달려있는 것을 확인할 수 있습니다. 페이스북에서 글을 어떻게 작성하느냐에 따라 쇼핑몰 방문객이 폭발적으로 늘어날 수 있다는 것을 보여준 좋은 예입니다.

❸ 페이스북 **친구 늘리기**

페이스북에서 가장 중요한 것은 친구를 늘리는 것입니다. 초기에는 지인이나 거래처를 중심으로 친구를 늘리고, 나중에는 맺어진 친구의 친구를 늘림으로써 많은 사람들과 소통할 수 있습니다. 그럼 페이스북에서 제공하는 친구 늘리기 방법에 대해 알아보겠습니다.

3.1 친구 찾기로 친구 늘리기

처음 페이스북 계정을 개설했다면 친구를 늘리는 것이 가장 큰 고민이 될 것입니다. 이때 친구 찾기 기능을 이용하면 학연, 지연 등의 네트워크를 통해 친구를 빠르게 늘릴 수 있습니다.

개인 프로필에서 출신지 및 거주지 등을 입력하면 같은 출신지나 거주지의 페이스북 활동 친구 리스트가 나타납니다. 표시된 리스트에서 아는 사람은 [친구 추가] 버튼을 클릭하여 친구 신청을 할 수 있습니다. 만약 모르는 사람에게 친구를 신청하게 되면 계정이 정지될 수도 있으니 주의해야 합니다.

- 출신지 : 도시를 입력할 수 있습니다. 고향이 '청주'라면 '청주'를 입력합니다.
- 거주지 : 현재 거주하고 있는 도시를 입력합니다.
- 고등학교 : 고등학교명을 입력하면 '개인정보'에 같은 학교명을 입력한 사람들을 확인할 수 있습니다.
- 함께 아는 친구 : 일반적으로 친구의 친구들은 안면이 있기 때문에 이 기능은 친구 늘리기에 자주 활용 됩니다. 친구의 이름을 입력하면 그 친구의 친구가 오른쪽에 나타나게 됩니다.
- 대학교 : 대학교명을 입력하면 선후배나 동기들을 확인할 수 있습니다.
- 직장 : 직장명을 입력하면 전 직장이나 현 직장의 동료를 찾을 수 있습니다.
- 대학원 : 대학원명을 입력하면 대학원의 동기나 선후배를 찾을 수 있습니다.

이와 같이 페이스북은 학연이나 지연 그리고 친구의 친구들과 유기적으로 관계 형성을 할 수 있도록 특화된 기능들을 많이 제공하고 있습니다. 다른 친구들이 친구를 찾을 때 이곳에 자신의 이름이 노출되도록 하기 위해서는 앞에서 설명한 것처럼 프로필을 충실히 작성해야 합니다.

3.2 친구 초대하기

친구 찾기로 친구를 추가하는 데 어려움이나 한계가 있을 경우 네이버 메일과 한메일 그리고 네이트온 등에 등록된 사람들에게 초대 메일을 발송하여 자동으로 페이스북 친구들을 찾을 수 있는 친구 초대 기능을 활용합니다. 이를 통해 친구를 추가하면 친구 수락률이 매우 높아집니다.

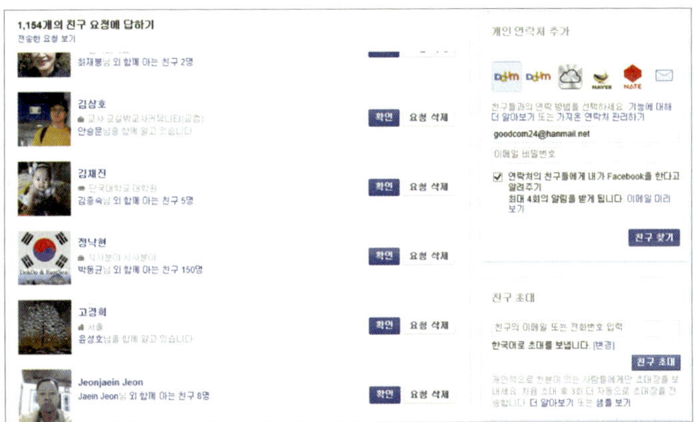

메일을 받은 상대방이 초대에 응했거나 다른 페이스북 운영자가 자신을 친구로 초대했다면 더블피플 아이콘을 클릭하여 내역을 확인할 수 있고 [확인] 버튼을 클릭하면 친구로 등록됩니다.

목록에 '알 수도 있는 사람'이 표시되는데 친구의 친구라고 생각하고 곧이곧대로 친구 추가를 시도하면, 오히려 신고를 당해 계정이 정지될 수 있으니 알 수도 있는 사람은 섣불리 친구 추가를 하지 않는 것이 좋습니다.

이웃의 소개로 친구를 늘리는 기능도 있습니다. 이 기능을 통해 나의 친구를 다른 사람에게 소개할 수도 있고, 다른 사람으로부터 친구를 소개 받을 수도 있습니다. 타임라인 화면에서 '친구'를 클릭하면 나의 모든 친구 목록이 표시됩니다.

이 내용을 친구 중 최재봉님에게 다른 친구를 소개시켜 주는 방법으로 설명해 보겠습니다. 최재봉님의 '친구' 버튼 위에 마우스를 가져가면 나타나는 팝업에서 '친구 추천' 메뉴를 클릭합니다.

최재봉님에게 박도순님을 소개시켜 주기 위해 박도순님의 이름 오른쪽에 있는 [친구 추천] 버튼을 클릭합니다. 오기자님의 친구 추천 메시지가 최재봉님에게 발송되며, 기존 친구의 추천이므로 신고하지 않고 친구 승인을 할 확률이 높습니다.

❹ 페이스북 **그룹 활용하기**

페이스북의 기능 중에서 개인 프로필을 제외한 페이지와 그룹은 상업적으로 사용이 가능합니다. 개인 프로필에는 일과 관련된 일상 위주로 글을 올리고 상업적인 내용은 그룹을 만들어 활용하는 것이 좋습니다. 그룹에서는 마케팅을 접목한 상업적 활용이 가능하므로 전체 쪽지, 관리, 이벤트 등의 기능을 활용하여 마케팅을 진행할 수 있습니다.

4.1 페이스북 그룹 만들기

그룹을 만들 때는 페이스북 뉴스피드 화면의 왼쪽 하단에 '그룹 만들기' 메뉴를 클릭합니다. '새 그룹 만들기' 창이 나타나면 그룹 이름, 멤버, 공개 범위를 설정하고 [만들기] 버튼을 클릭하여 그룹을 만듭니다.

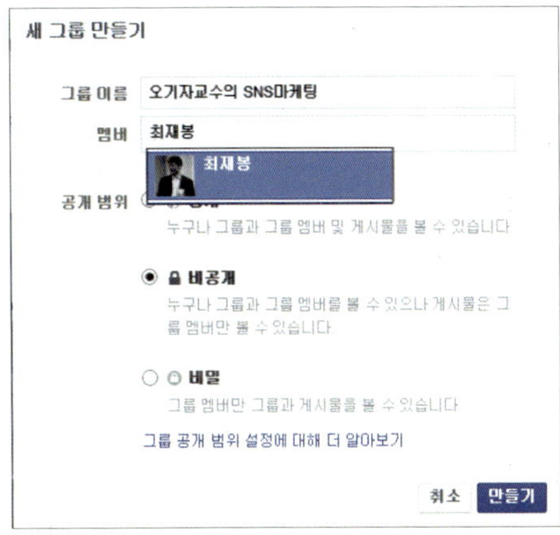

- 그룹 이름 : 자신의 일과 관련된 공략 키워드로 이름 설정
- 멤버 · 현재 친구들 모두 유입 가능
- 공개 범위 : 그룹 가입 유도를 위해서는 두 번째 목록의 '비공개' 선택(그룹 멤버는 공개되나 게시글은 비공개인 형태)

공개 범위를 '비밀'로 설정하면 검색이 되지 않으므로 마케팅을 위한 그룹이라면 '공개'로 설정해야 합니다.

4.2 그룹으로 멤버 가입시키기

기존의 카페나 블로그는 회원모집이 어렵지만 페이스북의 그룹은 상대 동의 없이 내가 원하는 사람이라면 회원가입을 시킬 수 있기 때문에 멤버를 쉽게 늘릴 수 있습니다. 그룹 멤버를 늘리는 두 가지 방법에 대해서 알아보겠습니다.

개인 프로필에서 친구 가입시키기

그룹은 개설자나 회원이 자신이 맺고 있는 친구를 임의로 가입시킬 수 있습니다. 자신뿐만 아니라 그룹 멤버 전체가 자신의 친구를 가입시킬 수 있기 때문에 그룹 멤버 숫자가 무한대로 늘어날 수 있다는 장점이 있습니다.

그룹 오른쪽 '소개−+그룹에 멤버 추가' 영역에 자신이 알고 있고, 친구로 등록되어 있는 사람의 이름을 입력하고 엔터키를 누르면 회원으로 가입됩니다.

정확한 이름을 모를 때는 '성'만 입력해도 해당되는 리스트가 모두 표시되므로 여기서 알고 있는 사람을 선택하면 됩니다. 예로 중간에 있는 '박종현'이라는 사람을 선택해 보겠습니다.

이름을 선택하면 바로 '박종현 추가됨'이라는 문구가 나타나고 그룹 멤버로 추가됩니다.

페이스북 그룹 메뉴에서 [멤버] 탭을 선택하고 멤버를 조회해 봅니다. 앞서 선택한 회원이 가입되었는지 확인하기 위해서 '박종현'이라는 이름으로 검색해 봅니다. 리스트에 나타나면 그룹 멤버로 가입된 것입니다. 이곳에서도 [+멤버 추가] 버튼을 눌러 새로운 멤버를 추가할 수 있습니다.

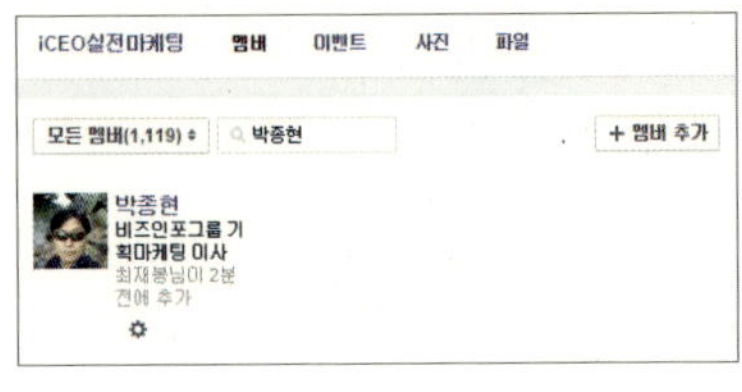

이메일 발송으로 가입시키기

페이스북에 가입할 때 입력한 이메일 주소로 그룹에 가입해달라는 내용을 발송시키는 방법입니다. 페이스북 오른쪽 '소개-이메일로 초대' 항목을 클릭하면 초대할 사람을 입력하라는 창이 나타납니다.

'오기자' 페친에게 그룹이 개설되었으니 가입해달라는 메일을 보내도록 하겠습니다. 이름을 입력하고 [초대] 버튼을 클릭하면

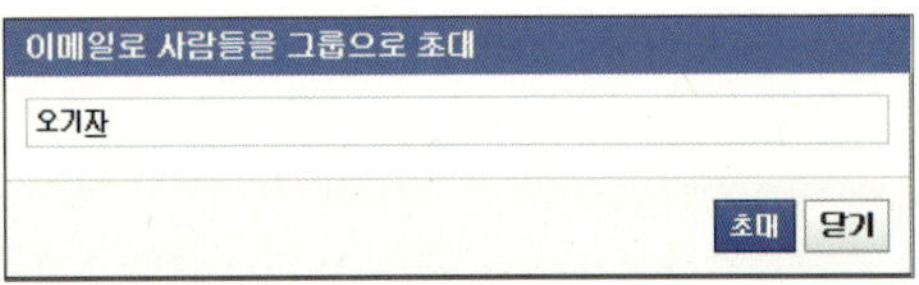

해당 사람의 이메일로 그룹 가입 권유 메일이 발송됩니다. 이메일을 받은 사람이 [수락] 버튼을 클릭하면 해당 그룹의 회원으로 가입됩니다.

4.3 그룹 멤버와 정보 소통하기

페이스북 그룹의 장점은 관심 있는 내용을 서로 주고받을 수 있다는 것입니다. 모임에 대한 참여나 자신이 가지고 있는 최신 정보 등을 멤버들과 공유하고 댓글로 소통할 수 있습니다.

필자가 가입한 '소셜오픈그룹'은 현재 멤버가 7,272명이 넘고 있습니다. 이 그룹은 소셜 미디어에 대한 최신 정보나 모임 정보를 공유하고 있어서 관심 있는 사람들의 활동을 유도하고 있습니다. 그룹 내에서 모임 공지를 올리면 '좋아요'와 '댓글'로 많은 사람들이 반응을 보이고 있는 것을 확인할 수 있습니다.

지금부터 이와 같이 그룹을 활성화시킬 수 있는 운영 방법을 알아보겠습니다.

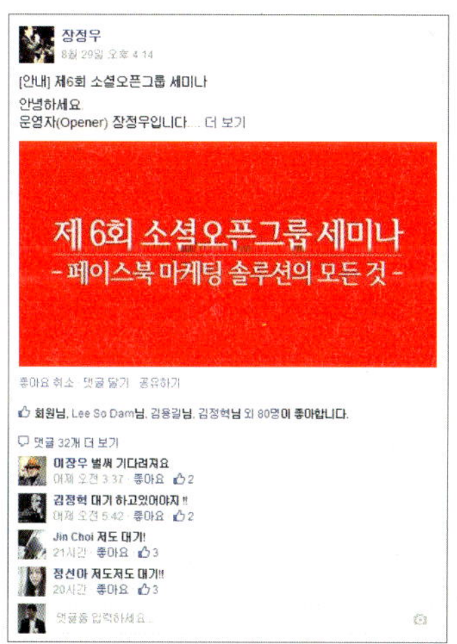

'그룹명'에 성격을 명확히 표시하라

페이스북의 그룹은 쉽게 만들 수 있고, 멤버 또한 본인의 동의 없이 가입시킬 수 있기 때문에 자신이 가입되어 있는 그룹이 무엇인지 모를 경우가 있습니다. 재방문과 활동을 유도하기 위해 '그룹명'에 명확한 성격을 제시하는 것이 좋습니다.

페이스북의 왼쪽 관리 메뉴에 '그룹'이라는 항목이 있고, 자신이 가입하여 활동하고 있는 그룹의 리스트가 보입니다. 활발하게 활동하고 있는 그룹명부터 보여주는 이곳에서 그룹을 자주 방문하도록 만드는 것은 '그룹명'입니다.

페이스북에서는 '추천 그룹'을 통해 자신의 친구들이 가입되어 있는 그룹을 무작위로 보여주는데, 그룹 이름만 잘 정해도 가입 회원이 많이 늘어나게 됩니다.

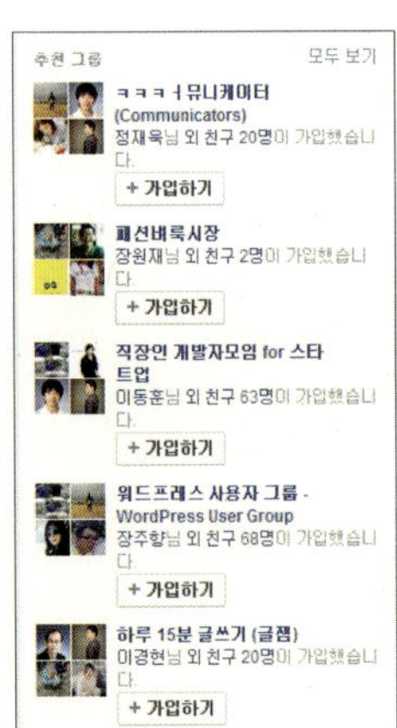

그룹 성격에 맞는 글을 작성하되 '정보' 위주로 작성하라

수많은 정보가 오가는 페이스북에서 의미없는 정보와 차별성 없이 글이 올라오게 되면 그룹에서 활동할 이유가 없어집니다. 따라서 그룹의 성격에 맞는 글을 올리는 것이 그룹을 활성화시키는 가장 좋은 방법입니다.

마케팅 그룹에 올라온 글입니다. 그룹의 성격에 맞지 않는 글을 올렸을 때 '좋아요'나 '댓글'이 없는 것을 볼 수 있습니다. 이 그룹의 회원 수는 1,000명이 넘지만 그룹과 직접적인 관련이 없는 정보에는 반응도가 현저하게 떨어집니다.

오른쪽 그림은 그룹의 성격에 맞는 내용을 올렸을 때 '댓글'과 '좋아요'를 이용하여 활발한 반응을 보여 주고 있습니다.

이처럼 그룹의 성격을 확실히 하고 명확한 그룹명을 정한 후 관련 내용의 글을 작성하면 회원들의 활발한 활동을 끌어낼 수 있습니다. 따라서 멤버 수를 많이 늘리는 것보다 성격에 맞는 작은 그룹을 잘 운영하여 활성화시키는 것이 마케팅을 위해서는 훨씬 유리합니다.

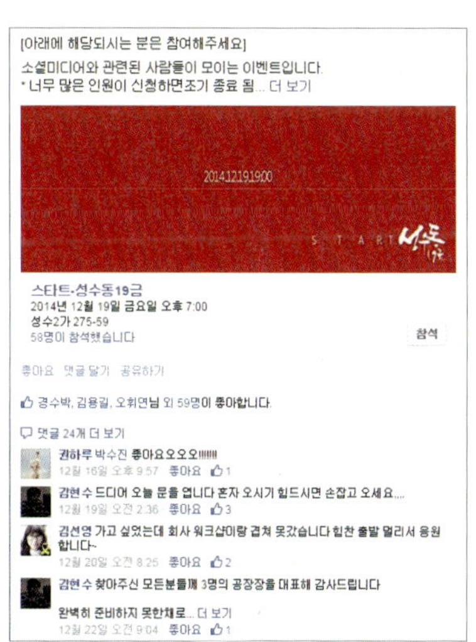

❺ 개인 프로필 **마케팅 전략**

중소기업에서 페이스북을 마케팅 도구로 활용해 성공한 사례는 그리 많지 않습니다. 이유는 페이스북의 기업 페이지와 개인 프로필 페이지로 방문하는 소비자의 니즈가 다르기 때문입니다. 기업 페이지에 원하는 것은 기업의 소식이나 이벤트 등 도움이 되는 정보이기 때문에 꾸준하게 소비자의 니즈에 맞춰서 콘텐츠를 생성해야 하는데, 중소기업에서 꾸준한 콘텐츠와 이벤트를 만들어내는 것은 쉽지 않습니다. 따라서 중소기업은 기업 페이지보다는 개인 프로필을 운영하는 것이 좋습니다.

개인 페이지를 통해 많은 사람들과 소통한 후 개인적인 신뢰가 구축되면 회사 제품과 이벤트를 올려 많은 사람들이 참여할 수 있도록 유도하는 것입니다. 개인 프로필에서 맺어진 친구들과 그룹 활동을 통해서 좀 더 친분을 맺을 수 있고, 관심을 갖는 내용에 대해 제품 홍보나 오프라인 모임을 개최할 수 있어 마케팅적인 활용도가 높습니다.

지금까지 페이스북을 통한 마케팅에 성과를 얻지 못했다면 사람들과 소통하는 방법부터 점검해 보기 바랍니다. 꾸준히 소통하다보면 소비자의 니즈를 파악할 수 있고 판매 전략을 구상할 수 있을 것입니다.

5.1 개인 프로필, 어떤 전략으로 접근할 것인가?

개인 프로필은 친구를 5,000명까지 맺을 수 있습니다. 어떻게 5,000명의 친구를 만들 수 있을지 고민하지만 활성화되면 6개월 이내에도 만들 수 있는 것이 바로 페이스북입니다. 친구의 친구가 '친구 맺기'를 신청하게 되고, 친구가 늘어날수록 기하급수적으로 더 늘어나는 특징을 가지고 있기 때문입니다. 페이스북은 많은 친구를 맺은 친구의 리스트를 항상 보여주기 때문에 친구가 늘어날수록 더 많은 친구를 소개받고 신청이 들어오는 구조를 갖고 있습니다.

다음 그림은 관리 메뉴 오른쪽에 항상 나타나는 '알 수도 있는 사람' 리스트로, 필자와 친구를 맺은 사람들이 공통으로 연결되어 있는 사람들을 보여주는 것입니다. 앞서 말한 것처럼 '함께 아는 친구 54명'은 내 친구와 친구로 연결되어 있는 사람이 54명이라는 것으로 당신의 친구일 수도 있는 사람을 알고리즘으로 분석해서 추천해 주는 것입니다.

이와 같이 개인 프로필은 '인맥'을 통해 친구가 늘어나는 특징을 가지고 있습니다. 그렇다면 '인맥'을 통해서 들어온 친구들과 활발하게 소통하기 위해서는 어떻게 해야 할까요?

상업적 내용 No, 개인적 일상 Yes!!

개인 프로필이 상업적인 내용으로 가득하다면 친구 추가를 거부당하거나 친구가 되었다고 해도 거의 활동을 하지 않게 됩니다. 페이스북으로 효과를 보지 못했다는 사람들 대부분 이처럼 개인 프로필을 상업적으로 운영했기 때문입니다.

오프라인에서 친구를 사귄다고 생각해보면 의외로 쉽게 답을 찾을 수 있습니다. 처음부터 이해관계를 내세우기보다는 서로의 일상을 공유하고 신뢰가 구축된 후 가끔씩 자신이 하는 일에 대해 소개를 하면 자연스럽게 홍보가 됩니다.

다음 그림은 개인 프로필에서 개인적인 일상을 올렸을 때 '좋아요' 215명, '댓글' 23개로 활발한 소통이 이루어진 것을 보여 줍니다.

반면 소통보다는 상업적인 정보를 제공하고 있어 '좋아요'나 '댓글'이 거의 없는 사례입니다.

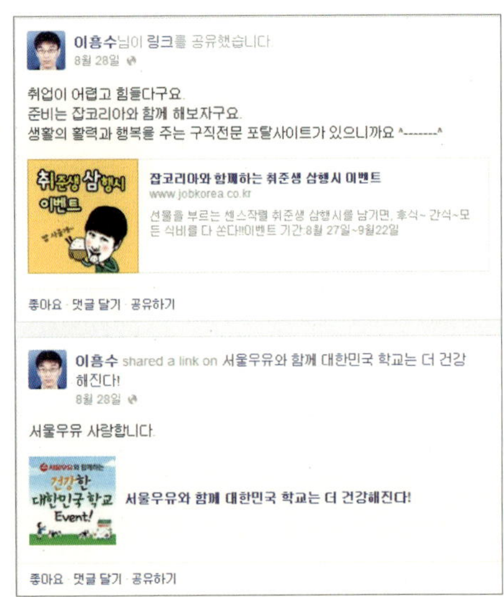

커버 사진에 전문가적 내용은 Yes, 제품이나 상품은 No!!

페이스북을 단순히 친구들과의 소통공간으로 활용한다면 모르지만, 마케팅적으로 활용하고자 한다면 커버 사진 구성이 매우 중요합니다. 타이틀에서 자신이 어떤 분야의 전문가인지 확연히 드러낼 수 있도록 구성하는 것이 좋습니다. 그래야 소통하는 친구들이 관심을 갖게 되고 나아가 매출로 연결될 수 있기 때문입니다. 하지만 지나치게 상업적인 커버 사진은 오히려 거부감이 들 수 있으므로 주의해야 합니다.

다음은 필자의 페이스북 커버 사진으로, 출판 기념회 모습을 올려놓았습니다. 배경에 필자가 집필한 책도 보이는데, 이렇게 구성해 놓으면 친구들에게 '마케팅 관련 전문가'라는 인식을 주게 되고, 마케팅에 대해 궁금한 사람들은 질문을 하게 됩니다.

5.2 친구의 수가 마케팅에 미치는 영향력은?

페이스북은 포털 사이트의 블로그처럼 검색을 통해 사람들이 들어오는 것이 아니라 친구의 친구들이 소문을 내면서 글이 확산되는 원리입니다. 따라서 친구의 숫자는 글 확산에 절대적인 영향력을 발휘합니다. 하지만 아무리 많은 친구가 있다 해도 내 글을 공유하지 않거나 보지 않는다면 무용지물이 됩니다. 따라서 친한 친구 100명부터 만들어야 합니다. 친한 친구 100명만 있으면 자신의 글을 순식간에 100,000명에게 노출할 수 있습니다. 예를 들어 한 사람당 1,000명의 친구를 가지고 있는 친구 100명과 매일 소통을 하고, 자신의 글을 공유해 달라고 부탁해 100명이 자신들의 타임라인에 공유를 해준다면 100명×1,000명=100,000명에게 노출되는 파급력을 갖게 됩니다. 따라서 소통하지 않는 5,000명의 친구보다 소통이 잘 되는 100명의 친구가 마케팅적으로 훨씬 도움이 됩니다.

5.3 먼저 관심을 보이고 답하라

우리 주변에서 친구가 많은 사람들을 관찰해 보면 하나의 공통점이 있습니다. 바로 '이야기를 잘 들어 준다'는 것입니다. 자신의 말만 하는 사람에게는 친구가 없습니다. 페이스북에서도 마찬가지입니다. 친구를 늘리기 위해서는 자신의 글을 많이 쓰는 것보다 상대방의 이야기에 관심을 보이는 것이 중요합니다. 따라서 자신의 이야기를 하는 시간의 2배를 다른 친구의 이야기를 듣고 반응하는 데 투자해야 합니다. 자신이 글을 올렸는데 '댓글'과 '좋아요'가 없다면, 자신이 먼저 친구들의 이야기에 관심을 갖고 '좋아요'나 '댓글'을 달아 주는 것이 필요합니다.

소통이라는 것은 단방향이 아니라 쌍방향이므로 내가 관심을 보일 때 상대방도 관심을 보인다는 사실을 기억해야 합니다. 오늘부터 글 쓰는 데 10분을 투자했다면 친구들과 소통하는 데 20분을 투자해 보시기 바랍니다. 1개월 내에 댓글과 공감이 놀랍도록 늘어나 있는 것을 확인할 수 있을 것입니다.

다음 그림은 짧은 글을 올려도 소통하는 사람들이 많아 '좋아요' 263개, '댓글' 50개가 달리는 페이스북 친구입니다. 이렇게 활성화된 이유는 자신이 먼저 친구들에게 관심을 보였기 때문입니다.

5.4 글과 사진, 그리고 동영상이 페이스북의 핵심이다

페이스북과 같은 SNS는 자신의 생각과 현재 시점의 일상을 친구들과 공유하는 목적으로 운영됩니다. 따라서 짧은 시간 내에 공감대를 형성할 수 있는 내용을 전달하기 위해서는 글과 함께 사진이나 동영상을 첨부하는 것이 좋습니다.

페이스북을 하다가 중간에 포기하는 사람들 대부분은 글을 잘 쓰려고 하기 때문입니다. 가공되고 다듬어진 글보다 느낌 그대로 자신의 모습을 드러낼 수 있는 글을 사진이나 동영상과 함께 보여주는 것이 더 많은 사람들과 공감대를 형성할 수 있는 방법입니다.

왼쪽 그림은 사진과 짧은 글을 올렸는데도 '좋아요' 61명, '댓글' 29개의 반응을 얻었습니다. 오른쪽 그림은 직접 촬영한 동영상과 짧은 글을 올렸는데 '좋아요' 1,100명, '댓글' 175개의 높은 반응을 얻었습니다.

facebook & KakaoStory MARKETING

05

페이스북 마케팅의 핵심!
페이지 만들기

기업에서 페이스북을 활용하는 이유는 매출을 늘리기 위해서입니다. 회사의 제품소개와 이벤트 정보를 좀 더 효율적으로 전달할 수 있는 것이 바로 '페이지'입니다. 이 장에서는 페이지를 어떻게 운영을 해야 많은 사람들을 유입시킬 수 있는지 알아봅니다.

페이스북 마케팅의 핵심! 페이지 만들기

페이스북 내에서 기업이 전문적으로 운영할 수 있도록 만든 것이 바로 '페이지'입니다. 페이지는 사용자들이 '좋아요'를 클릭함으로써 기업의 정보를 받을 수 있습니다. 소식을 받아 보는 인원에 제한이 없기 때문에 무한대로 친구를 맺을 수 있으며, 개인 프로필과는 달리 상업적으로 사용할 수도 있고 유료 광고를 통해서 팬 수를 확보할 수도 있습니다.

❶ 왜 페이스북 페이지인가?

그동안 많은 회사나 개인들이 자신을 알리기 위해서 홈페이지나 사이트를 활용해 왔습니다. 하지만 홈페이지나 사이트를 알리기 위해서는 많은 비용과 꾸준한 관리가 필요하고 새로운 기능을 업그레이드할 때마다 수시로 비용이 들어가기 때문에 실로 '돈 먹는 하마'라고 해도 과언이 아닙니다.

하지만 페이스북 페이지를 만드는 데는 30분이면 충분합니다. 또한 많은 비용을 들이지 않아도 팬 수를 늘릴 수 있습니다. 각종 통계 자료를 무료로 보면서 이벤트 계획을 세우고, 페이지 앱을 이용해 다양한 기능을 구현할 수도 있습니다. 기업에서 페이스북 페이지를 어떻게 활용할지 고민하고 있다면, 이번 장을 통해 그 해결 방법을 알아보도록 하겠습니다.

#	Page	Local Fans	Fans	ER	Rating
1.	Facebook	4 387 533	144 180 419	0.124%	7
2.	Facebook Korea	4 386 497	4 392 232	0.009%	N/A
3.	삼성 (Samsung)	1 851 322	2 277 880	0.042%	7
4.	World's Funniest Videos	1 494 667	1 654 900	Find in Analytics	N/A
5.	Yuna Kim	1 275 846	2 223 489	Find in Analytics	0
6.	NextFloor	1 012 055	1 098 960	Find in Analytics	3
7.	KPOP on Facebook	997 550	2 721 745	Find in Analytics	N/A
8.	SK텔레콤	989 753	1 079 453	Find in Analytics	4
9.	롯데월드 (lotteworld)	823 379	886 822	Find in Analytics	6
10.	삼성에버랜드 (withEverland)	782 288	1 011 664	Find in Analytics	7
11.	Lee Minho (이민호)	667 638	13 564 784	Find in Analytics	7
12.	사랑할 때 알아야 할 것들	651 674	693 043	Find in Analytics	N/A
13.	도미노피자(Dominostory)	629 314	692 722	Find in Analytics	4
14.	Kim Ha Neul	617 262	1 356 928	Find in Analytics	0
15.	소녀시대(Girls' Generation)	589 983	6 252 726	Find in Analytics	9

▲ 팬 페이지 순위 통계 자료(socialbakers.com – 2014. 3. 30일 기준)

위 그림의 팬 페이지 순위 통계 자료를 보면 삼성이 227만 명 이상의 팬을 확보하고 있고, 김연아가 127만 명, 그 외에도 유명 연예인들과 기업, 그리고 관공서의 순서로 팬을 가지고 있는 것을 확인할 수 있습니다. 이처럼 페이스북 페이지는 전 분야에서 운영할 수 있으며, 소비자나 고객과의 소통의 도구로써 기업에게는 '선택'이 아니라 '필수'입니다.

❷ 30분 내에 페이스북 페이지 만들기

페이지 개설은 개인 프로필을 만드는 것과는 조금 다르지만 사이트나 쇼핑몰을 만드는 것처럼 복잡하지는 않습니다.

페이스북(www.facebook.com)의 첫 로그인 화면 하단의 '페이지 만들기'를 클릭하거나 주소창에 'www.facebook.com/page'를 입력하고 접속하여 페이지를 만들 수 있습니다.

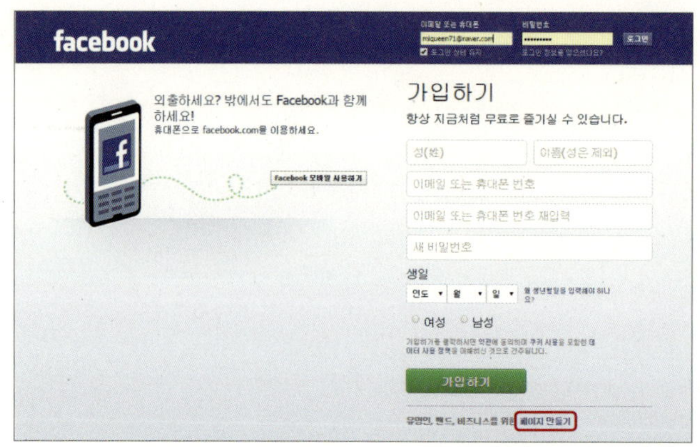

먼저 페이지 분류 화면이 나타납니다. 페이지는 모두 6가지인데 이 중에서 만들고자 하는 종류를 선택하면 됩니다. 여기서는 '비즈니스 또는 장소'를 선택하겠습니다.

- 기업을 알리는 페이지를 만들려면 : '회사, 기관, 연구소' 선택
- 상품을 알리는 페이지를 만들려면 : '상표 또는 제품명' 선택
- 유명인이나 개인을 알리기 위해서는 : '예술가, 밴드, 공인' 선택

분류 선택에 따라 하위 카테고리가 다르게 적용됩니다. '회사, 기관, 연구소'를 선택하면, 카테고리는 '건강/미용…' 등으로 나타나며, '상표 또는 제품명'을 선택하면 '가구'와 같은 카테고리가 나타납니다.

분류를 선택하면 하위 분류 카테고리 선택 화면이 나타나는데 자신의 아이템과 맞는 카테고리를 선택합니다.

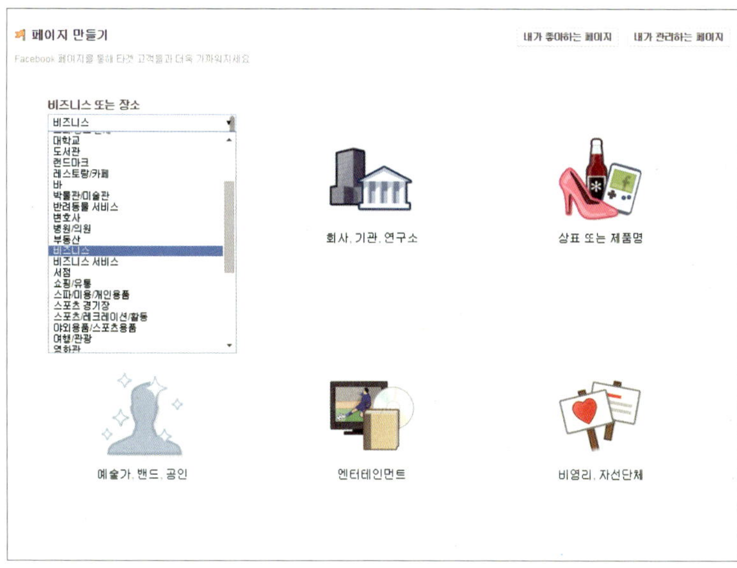

회사명을 입력하고 [시작하기] 버튼을 클릭합니다. 이제부터 본격적으로 페이지를 만드는 과정이 시작됩니다.

페이지의 프로필 영역에 나타나는 설명 문구를 작성하는 단계입니다. 방문객이 해당 페이지가 어떤 성격을 가지고 있는지 쉽게 파악할 수 있도록 자신의 회사에 대한 요점을 정리하면 됩니다. 사이트로의 방문을 원할 경우에는 사이트 주소를 입력하고 [정보 저장] 버튼을 클릭합니다.

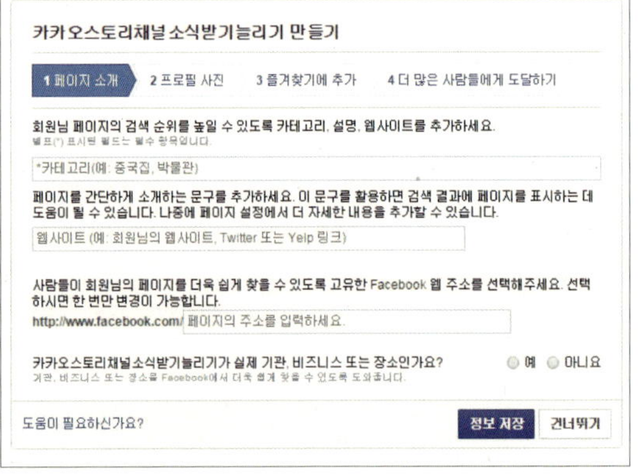

프로필 이미지를 등록하는 단계입니다. 페이지에 방문했을 때 회사를 상징하는 로고나 제품 사진 등이 보이면 시각적인 홍보효과를 얻을 수 있습니다.

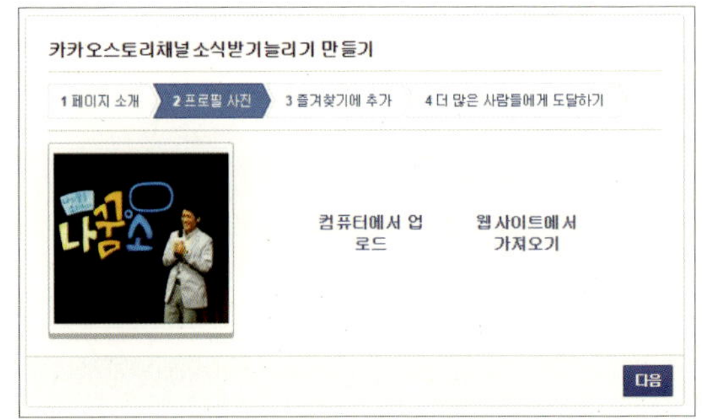

즐겨찾기에 페이지를 추가하는 화면입
니다. [즐겨찾기에 추가] 버튼을 클릭
하거나 [건너뛰기] 버튼을 클릭합니다.

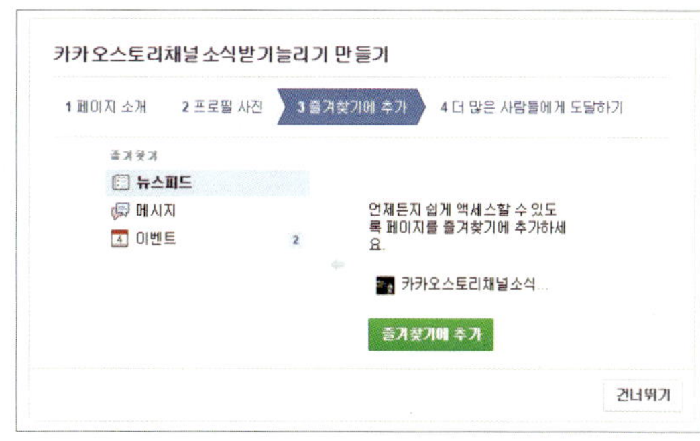

페이스북 페이지에서는 쉽게 팬 수를
늘릴 수 있도록 광고 기능을 지원하
고 있습니다. 한 번 팬이 되면 지속적
으로 소식을 받게 되므로, 고정 고객
을 확보할 수 있습니다. 광고 기능은
다음 장에서 더 자세하게 알아보도록
하고 여기서는 [건너뛰기] 버튼을 클
릭합니다.

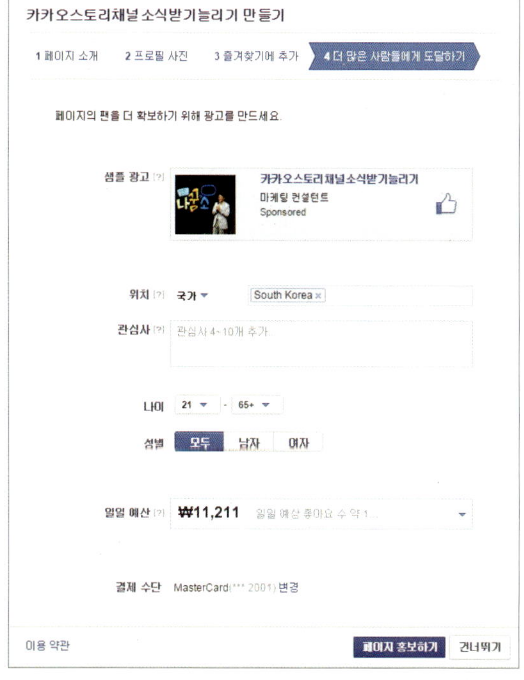

페이스북 페이지가 완성되었습니다.
이렇게 간단한 방법으로 자신의 회사
를 알릴 수 있는 페이지를 만들 수 있
습니다.

📶 MARKETING TIP

페이지 커버 금지 이미지

페이스북 페이지에서는 상업적인 내용으로 커버를 사용하는 데 제한을 두지 않지만 미풍양속에 저촉되는
내용은 철저하게 단속을 하고 있으니 주의가 필요합니다.

- 성인이나 섹스와 관련된 선정적인 내용
- 마약이나 도박과 관련된 내용

❸ 페이지 화면 구성과 관리 기능 **활용하기**

오프라인에서 가게를 오픈할 때 가장 먼저 해야 할 일이 '간판'과 '인테리어'입니다. 한눈
에 어떤 것을 판매하는지 즉시 알 수 있는 간판이나 호감을 주는 인테리어는 마케팅에서
가장 기본적이면서도 중요한 요소입니다. 페이스북 페이지에서는 간판 역할을 하는 것
이 타이틀이고, 인테리어 역할을 하는 것이 화면 구성과 글쓰기입니다. 그렇다면 직접적
으로 매출과 연결될 수 있도록 환경을 구성하는 방법을 알아보겠습니다.

3.1 페이지 화면 구성

페이지의 메뉴 구성을 잘 파악하여 페이지 운영에 100% 활용할 수 있도록 자세히 알아
보겠습니다.

'페이지' 메뉴 살펴보기

'페이지'는 홈페이지에서 [HOME] 버튼과 같습니다. [페이지] 버튼을 클릭하면 메인 화
면으로 언제든지 돌아갈 수 있으며, 이곳에서 페이지의 전체 내용을 확인할 수 있습니다.

'활동' 메뉴 살펴보기

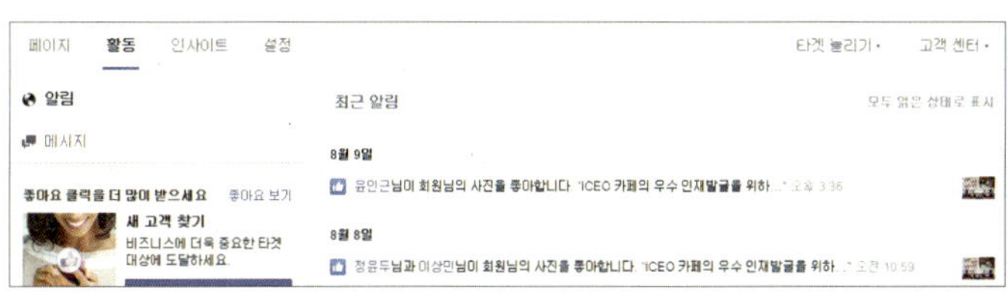

- **알림** : 회원들이 최근 페이지 내에서 활동한 내용을 보여 줍니다. 어느 글에 '좋아요'를 눌렀는지, 어느 글에 '댓글'을 달았는지 활동 내역을 확인할 수 있습니다.
- **메시지** : 페이지에서 회원들이 운영자에게 보낸 메시지의 내용을 보여 줍니다.

'인사이트' 메뉴 살펴보기

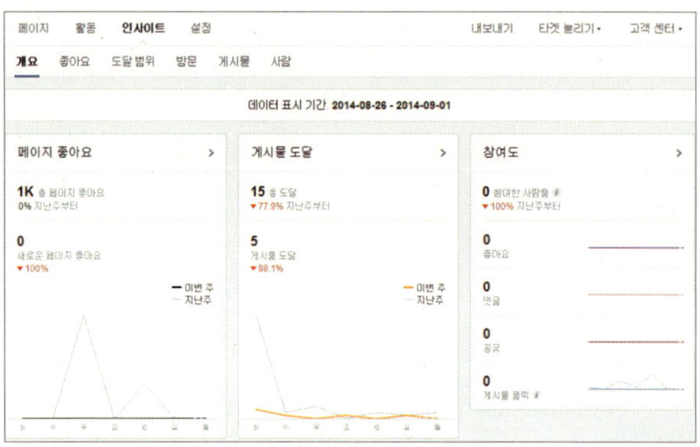

'인사이트' 메뉴는 페이지의 통계 자료, 즉 마케팅에 활용할 수 있는 데이터를 제공해 주는 곳입니다. 회원들이 '좋아요'를 얼마나 눌렀는지, 방문객은 얼마나 되는지, 게시물은 얼마나 작성했는지 보여 줍니다. 이 통계 자료를 확인하면 어떤 글이 반응이 좋고, 언제 회원들이 활동을 많이 하는지를 파악할 수 있습니다.

- **개요** : 간략하게 인사이트 내용을 요약해서 보여 줍니다. 이곳에서 전체적인 내용을 한눈에 파악할 수 있습니다.
- **좋아요** : 해당 기간 내에 페이지에 '좋아요'를 얼마나 눌렀는지 일자별로 증가한 숫자와 특정 기간 내의 '좋아요 취소'나 증가를 그래프로 보여 주고, '유기적 좋아요'와 '유료 좋아요', 그리고 '페이지 좋아요' 유입 경로도 보여 줍니다.

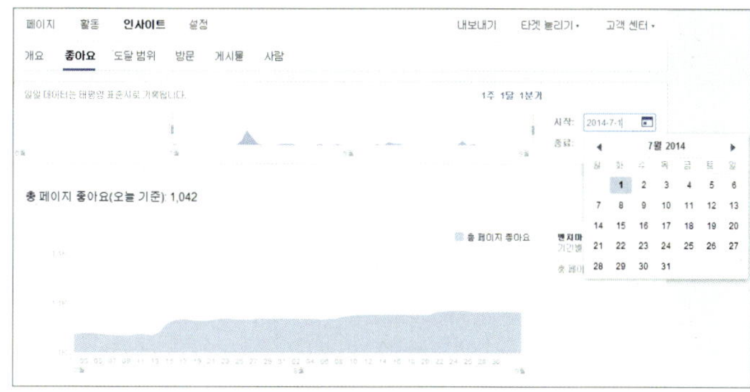

총 페이지 좋아요(오늘 기준): 1,042

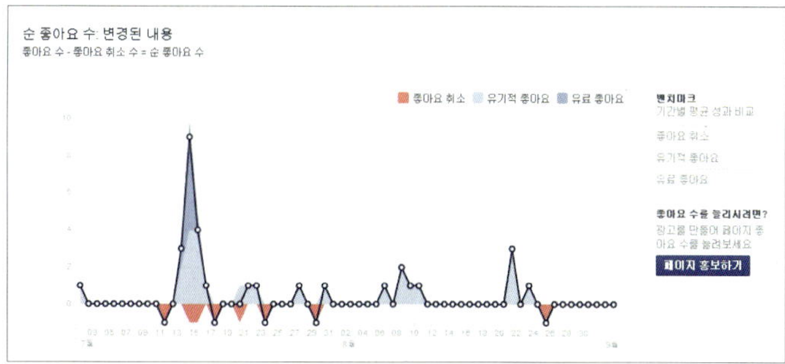

MARKETING TIP

'좋아요'의 종류

- 유기적 좋아요 : 페이지에서 '좋아요'를 누른 사람들이 콘텐츠나 소개, 초대를 통해서 자연스럽게 증가한 통계를 알려 줍니다.
- 유료 좋아요 : 유료 광고를 통해서 증가한 '좋아요' 숫자를 알려 줍니다.

- 도달 범위 : 유료 광고나 유기적 유입을 통해 게시물을 본 통계 자료로, 게시물에 '좋아요', '댓글', '공유'를 얼마나 했는지 일자별로 보여 줍니다.

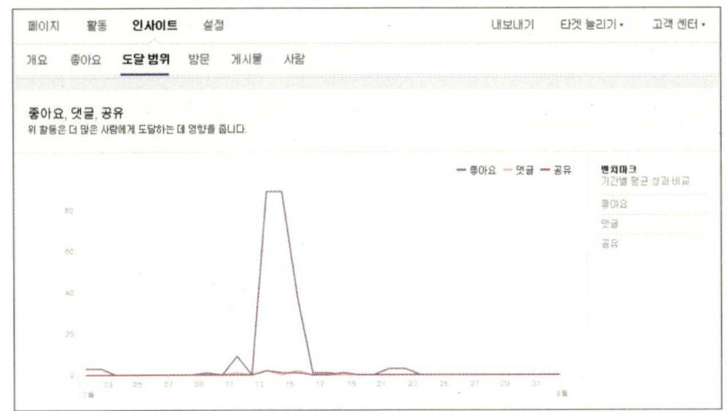

- 방문 : 페이스북 페이지의 요소별 방문자를 보여 줍니다. 타임라인에 얼마나 들어왔는지, 이벤트 탭이나 좋아요 탭에 얼마나 들어왔는지, 어떤 경로를 통해서 유입되었는지를 알려 줍니다. 카페나 사이트 또는 블로그에서 페이스북 링크를 통해 들어온 경우 어느 곳에서 많이 들어왔는지 알 수 있습니다.

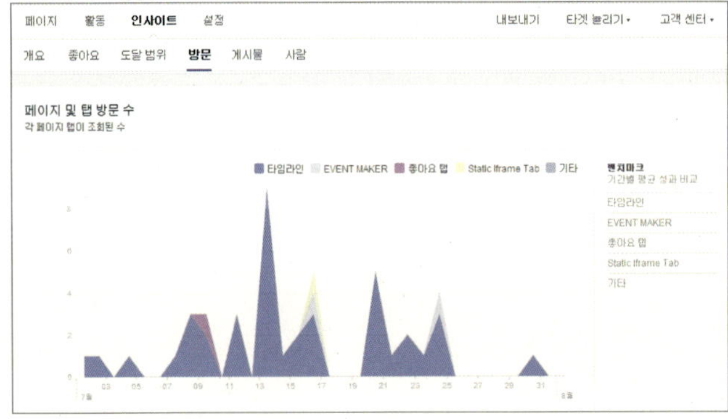

- 게시물 : 페이지에 작성한 글에 대한 사람들의 반응도를 통계로 보여 줍니다. '도달 범위'를 보면 7월 14일에 71,800명에게 도달되었는데 페이스북 광고를 통해서 많은 사람들이 글을 보았으며, 참여도도 높았던 것을 알 수 있습니다. 또한 8월 18일에는 270명이나 내용을 보았다는 것을 알 수 있습니다. 이런 자료들을 통해 페이지를 운영할 때 어떤 콘텐츠를 써야 사람들이 좋아하는지 파악할 수 있습니다.

'설정' 메뉴 살펴보기

페이지의 환경을 설정하는 곳입니다. 많은 기능들이 있지만 핵심 기능만 알아보겠습니다.

- **일반** : 페이지에 게시글 작성 권한, 답글 작성 기능 설정 여부, 메시지 비공개 전송 여부 등을 설정할 수 있습니다. 기본 값은 페이지를 누구나 볼 수 있고, 자유롭게 글을 작성할 수 있도록 설정되어 있습니다. '페이지 삭제'는 더 이상 페이지를 운영하고 싶지 않을 때 사용하는 기능입니다. 페이지는 삭제를 해도 14일간은 언제든지 다시 복구할 수 있으며, 그 기간이 지나면 완전히 삭제됩니다.

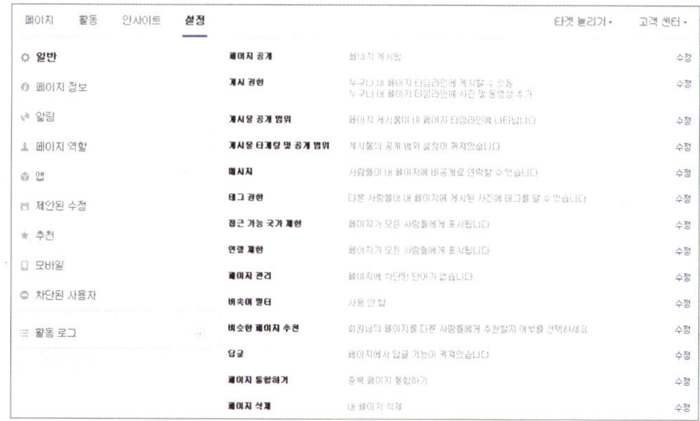

- **페이지 정보** : 사람들이 페이지를 방문했을 때 어떤 곳인지를 알 수 있도록 관련 설명을 보여 줍니다. 페이지를 운영하는 목적을 요약해서 작성하거나 긴 설명을 통해 자세히 표현할 수도 있습니다. 또한 회사의 제품이나 사이트 주소, 전화번호, 이메일 등 고객과 소통할 수 있는 정보를 입력할 수 있습니다.

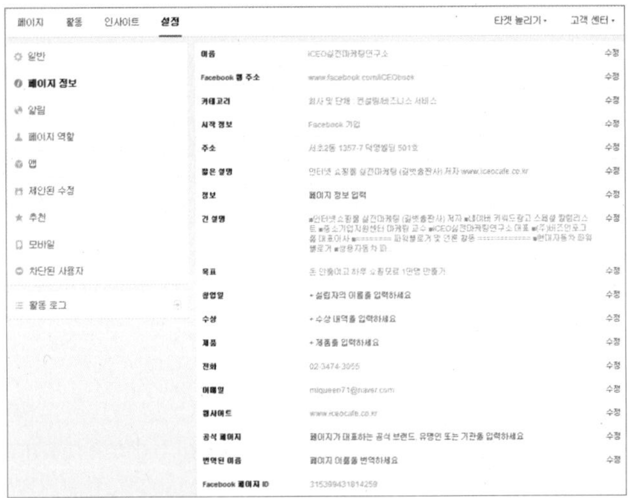

- **알림** : 운영자는 페이지에서 일어나는 모든 활동을 알림이나 이메일을 통해서 받아볼 수 있습니다. 만약 너무 많은 정보 때문에 불편하다면 '끄기' 항목을 선택하여 알림을 끌 수도 있습니다.

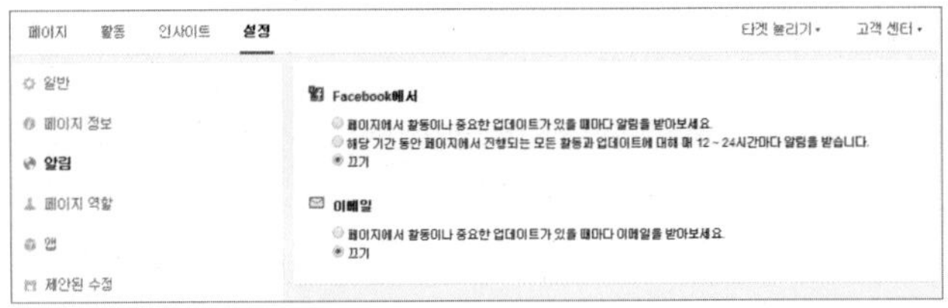

- **페이지 역할** : 페이지에서는 관리 목적에 따라 사람에게 권한을 부여할 수 있는데, 각 요소별 권한을 알아보겠습니다.

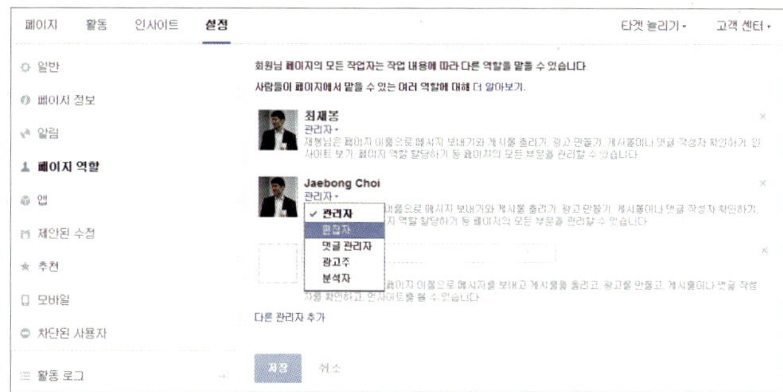

- **관리자** : 페이지 이름으로 메시지 보내기와 게시물 올리기, 광고 만들기, 게시물이나 댓글 작성자 확인하기, 인사이트 보기, 페이지 역할 할당하기 등 페이지의 모든 기능을 관리할 수 있습니다.
- **편집자** : 페이지를 수정하고 페이지 이름으로 메시지를 보내고 게시물을 올릴 수 있으며, 광고 만들기, 게시물이나 댓글 작성자를 확인할 수 있습니다.
- **댓글 관리자** : 페이지에서 댓글에 응답, 댓글 삭제, 페이지 이름으로 메시지를 보내고 게시물이나 댓글 작성자를 확인할 수 있으며, 광고를 만들 수 있습니다.
- **광고주** : 게시물이나 댓글 작성자를 확인하고, 광고를 만들 수 있습니다.
- **분석자** : 게시물이나 댓글 작성자를 확인할 수 있습니다.

3.2 페이지에 글쓰기

페이지의 글은 개인 프로필과 같은 방법으로 작성하면 됩니다. '상태'를 클릭하고 글을 작성할 수 있으며, 더 많은 사람들이 반응을 보일 수 있도록 사진과 동영상을 첨부하는 것이 좋습니다. 개인적인 내용을 중심으로 작성해야 하는 개인 프로필과 달리, 페이지에서는 기업의 이벤트나 행사 내용 또는 정보를 중심으로 작성해야 사람들이 더 많은 반응을 보여 줍니다.

다음 그림에서 쇼핑몰 운영자에게 도움이 되는 정보를 올리니 270명에게 도달되었고, 개인적인 일상을 올렸을 때는 67명에게 도달된 것을 확인할 수 있습니다.

게시글 상단에 고정시키기

이벤트나 행사와 같이 중요한 내용의 글이라면 상단에 고정시켜서 방문하는 사람에게 수시로 보여 주어야 합니다. 페이스북 페이지에서는 게시글을 상단에 고정시키는 기능을 지원합니다. 상단에 고정시키고자 하는 게시글의 오른쪽 상단의 'v' 표시를 클릭하여 '상단에 고정'이라는 메뉴를 선택하면 그림과 같이 리본이 표시되고 최상위에 노출됩니다. 상단 고정을 해제하고 싶을 경우에는 다시 'v' 표시를 눌러 '상단 고정 해제' 메뉴를 선택하면 됩니다.

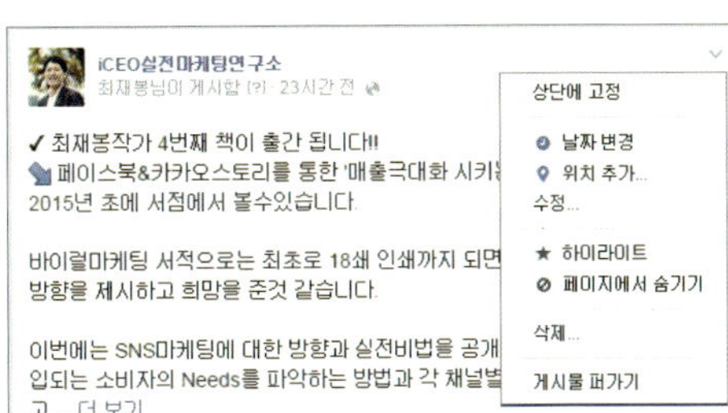
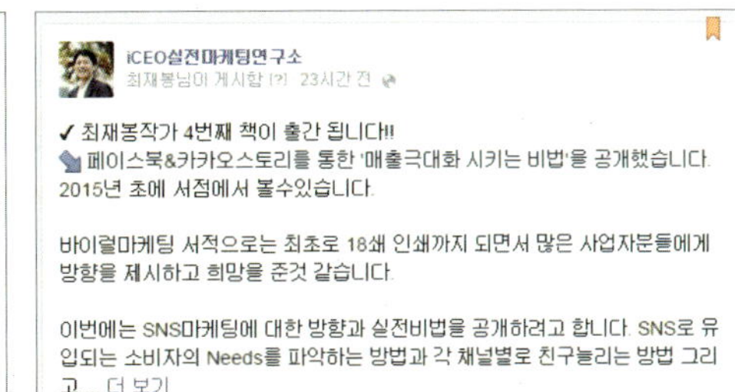

④ 앱으로 **고정 고객 만들기**

페이스북에서는 블로그 글을 연동해 고객을 유입시키거나 트위터와 연동하여 실시간으로 고객과 정보를 공유할 수 있습니다. 뿐만 아니라 직접 이벤트를 만들어 단시간에 많은 팬 수를 확보할 수도 있습니다. 지금부터 페이스북을 더욱 강력하게 만들어 주는 애플리케이션을 살펴보도록 하겠습니다.

페이스북은 수많은 외부 개발자들이 각자의 아이디어를 이용해 만들어낸 프로그램을 페이스북에서 실행할 수 있도록 환경을 구성해 주는 플랫폼을 제공하고 있습니다. 기존에는 기업에서 프로그래머를 채용해 필요로 하는 프로그램을 직접 개발했고, 폐쇄적인 환경으로 운영해 여러 가지 문제점도 있었습니다. 그런데 Open API[1]를 채택한 Google이나 페이스북은 이미 개발된 프로그램을 자유롭게 설치해 사용할 수 있는 환경을 구축함으로써 높은 평가를 받고, 유지관리 비용도 최소화하였습니다. Open API의 일부라고 할 수 있는 '앱'은 다른 환경에 있는 내용을 자신의 페이스북으로 가져와 실행시킬 수 있습니다.

---

1) API(Application Programmer Interface)는 응용 프로그램에서 사용할 수 있도록 운영체제나 프로그래밍 언어가 제공하는 기능을 제어할 수 있게 만든 인터페이스입니다. 이를 사용자 누구나 사용할 수 있도록 공개된 API를 Open API라고 합니다. 구글맵이 Open API의 대표적인 예이며, 지도 서비스 및 다양한 서비스에서 사용되고 있습니다.

‘www.facebook.com/appcenter’에
는 여러 명의 프로그래머가 개발한
앱들이 있는데, 게임용 앱부터 업무
용 앱까지 50만 가지가 넘습니다. 이
앱들 중 자신의 페이스북에 필요한
것을 가져다 활용하면 됩니다.

현재 게임 위주로 운영하고 있고 업
무용 앱은 많은 업체에서 유료로 서
비스하고 있습니다.

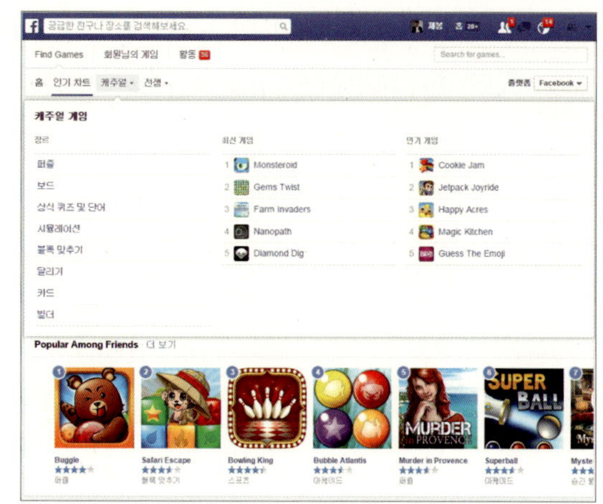

4.1 트위터와 연동하여 실시간 정보 공유하기

SNS를 하는 사람들은 평균 3개의 도구를 사용하고 있다는 통계 자료에서도 알 수 있듯이
대부분의 사람들이 한 가지 SNS만 사용하지 않습니다. 트위터나 블로그를 사용하면서
페이스북을 함께 운영하는 경우가 많습니다. 앱을 활용하여 각각의 서비스에 내용을 올
리면 자동으로 페이스북에서도 볼 수 있도록 설정할 수 있습니다. 트위터에 올린 글을 페
이스북 뉴스피드에 올리거나 페이스북 글을 트위터 타임라인으로 자동 전송하는 기능을
이용하면 둘 중 하나의 계정만 관리해도 두 가지 SNS를 모두 활용할 수 있습니다.

페이지의 내용 트위터로 보내기

페이스북 페이지와 트위터를 연동해 페이스북 페이지의 업데이트 내용을 트위터로 내보
내는 방법을 알아보겠습니다. ‘www.facebook.com/twitter’로 접속하면 페이스북 내용
을 트위터로 보내는 데 필요한 내용을 확인할 수 있습니다.

연결하고자 하는 페이스북 페이지의 오른쪽에 있는 [Twitter 연결] 버튼을 클릭합니다.

트위터 계정을 입력한 후에 [앱 인증] 버튼을 클릭합니다.

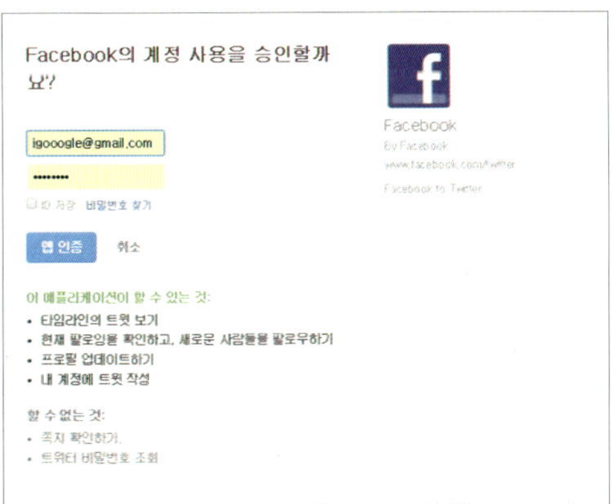

트위터에 연동시킬 항목을 선택할 수 있습니다. 페이스북의 상태, 사진, 링크, 동영상, 노트, 이벤트 중 원하는 항목을 선택하여 연동시킬 수 있습니다. 단, 전체 공개 설정인 게시물에 한해 연동이 가능합니다.

트위터와 연결 해지하기

페이스북에 있는 내용을 더 이상 트위터로 보내고 싶지 않을 때에는 'Twitter 연결 취소'를 클릭하면 더 이상 글이 공유되지 않습니다.

4.2 필요한 앱을 페이스북에 추가하기

전 세계의 유능한 프로그래머들이 게임부터 일상생활에 필요한 앱을 유료나 무료로 서비스해 주고 있어 필요한 앱은 추가해서 사용할 수 있습니다.

유투브 앱 페이스북에 연동시키기

개인이라면 유투브를 페이스북에 연동시켜 페이스북을 방문한 친구들이 동영상을 보면서 오래 머물도록 유도하거나 기업의 경우 회사 홍보 동영상을 유투브에 올리고 페이스북 친구들에게 공유하여 큰 홍보 효과를 거둘 수 있습니다.

페이스북 검색창에서 'YouTube for page'라고 입력하고 돋보기 모양을 클릭하면 다음 그림과 같이 유투브를 페이스북에 링크하는 화면이 나타납니다. 이 화면에 있는 [설치 및 셋팅] 버튼을 클릭합니다.

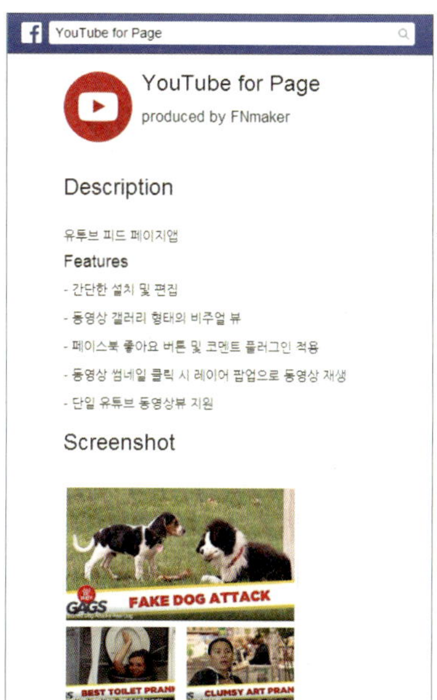

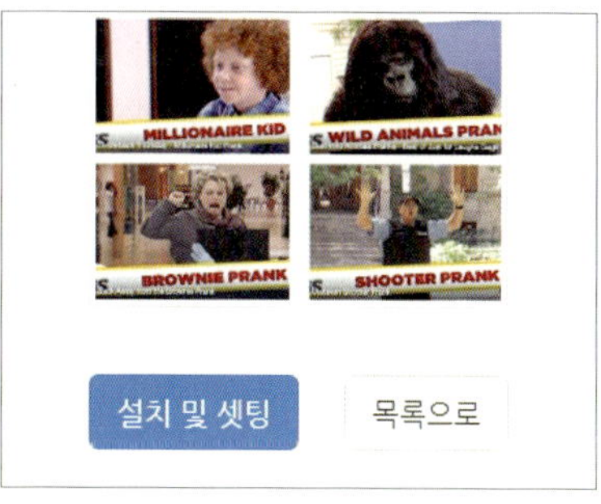

페이스북 페이지가 많을 경우에는 어느 곳에 유투브를 연동시킬 것인지 선택해야 합니다. 필자가 운영하는 페이지 중에서 'iCEO실전마케팅연구소'를 선택하고 [Add Page Tab] 버튼을 클릭해 보겠습니다. '정보' 허락 팝업창이 나타나면 [확인] 버튼을 클릭합니다.

연결된 페이스북 페이지의 메뉴(탭)에 'YouTube'가 표시되며, 하단에 자신이 운영하고 있는 유투브 채널 주소를 입력합니다.

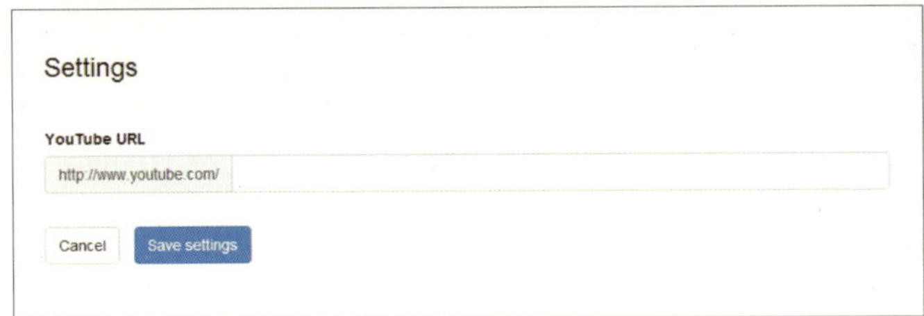

유투브 채널 확인법

1. 검색창에 'www.youtube.com'을 입력합니다.

2. 유투브로 이동하면 오른쪽에 로그인된 아이콘을 클릭합니다.

3. 자신이 운영하고 있는 유투브 계정이 나타나면 '톱니바퀴'를 클릭합니다.

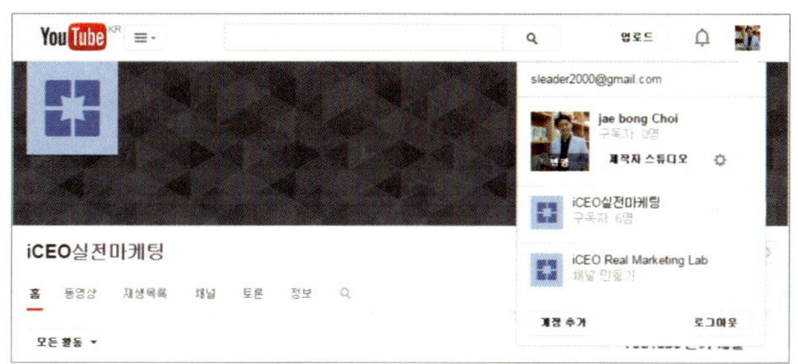

4. '개요' 메뉴를 선택하고 이미지 옆의 '고급'을 클릭합니다.

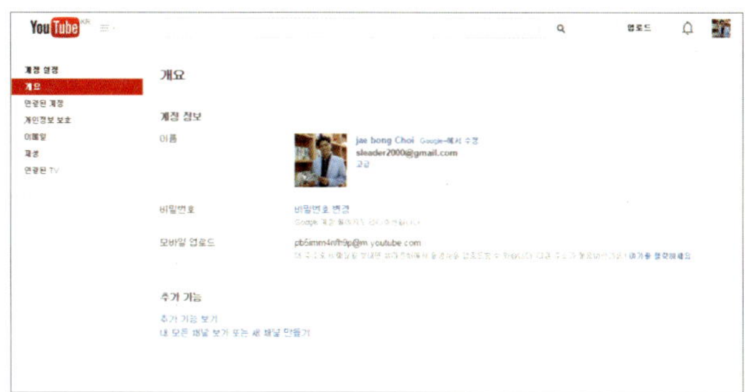

5. '계정 정보'에 나타난 채널 ID를 복사하여 유투브 채널에 붙여넣기합니다.

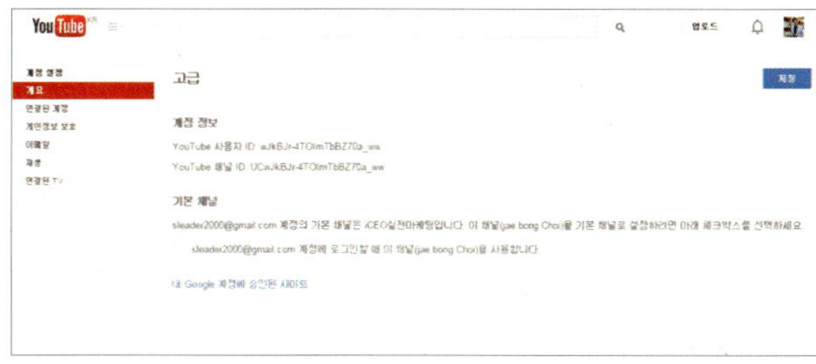

유투브가 연결되면 다음 그림과 같이 유투브에 있는 최신 동영상이 나타납니다. 유투브에 회사 홍보용 동영상이나 재미있는 동영상을 올려놓으면 페이스북에 연동되어 구독자들을 오랜 시간 머무르게 할 수 있습니다.

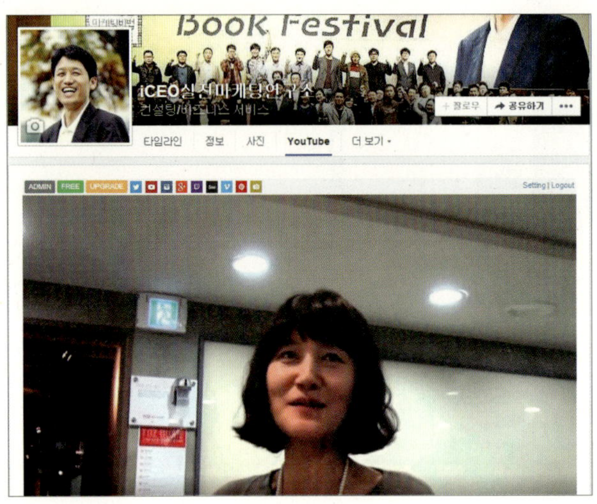

🔊 M A R K E T I N G **T I P**

메뉴(탭)에 원하는 앱 배치하기

페이스북 페이지에는 '탭' 영역이 있습니다. 대부분 이곳에서 클릭하기 때문에 원하는 탭을 위치시키면 많은 사람들에게 노출할 수 있습니다. 또한 '이벤트'를 진행할 때 '탭'을 이용하여 이벤트 내용을 올리면 많은 사람들의 참여를 유도할 수 있습니다.

1. 다음 그림이 바로 '탭' 영역입니다.

2. '더 보기'를 클릭한 후 '탭 관리'를 클릭합니다.

3. 자신이 원하는 앱을 클릭한 상태에서 원하는 위치로 드래그&드롭하면 순서가 변경됩니다.

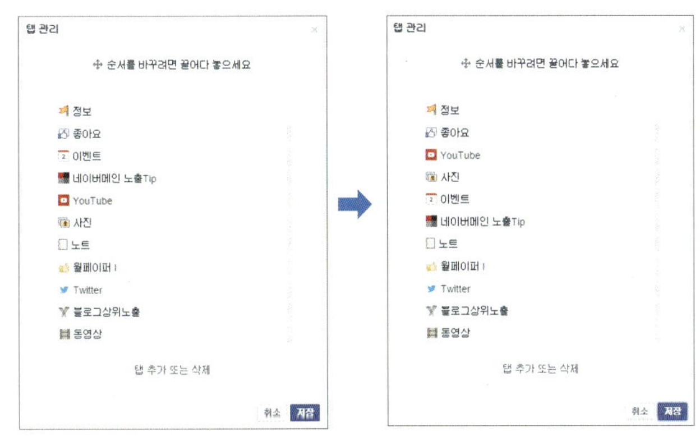

4. 기존 메뉴인 '타임라인, 정보, 좋아요, 이벤트'가 '타임라인, 정보, 좋아요, YouTube'로 변경되었습니다.

'이벤트' 앱 설치하기

페이지를 활성화시키기 위해서는 정기적으로 이벤트를 진행하는 것이 좋습니다. 이때 활용하기에 적합한 것이 바로 '이벤트' 앱입니다. 페이스북에서는 '이벤트' 앱을 기본으로 제공합니다.

'탭' 메뉴에서 '더 보기'를 클릭하여 '탭 관리' 메뉴를 선택하면 다음과 같은 화면이 나타납니다. 하단의 [탭 추가 또는 삭제] 버튼을 클릭합니다.

페이스북에서 기본으로 제공하는 앱은 '동영상', '이벤트', '노트'입니다. '이벤트' 앱 오른쪽의 [Add App] 버튼을 클릭합니다.

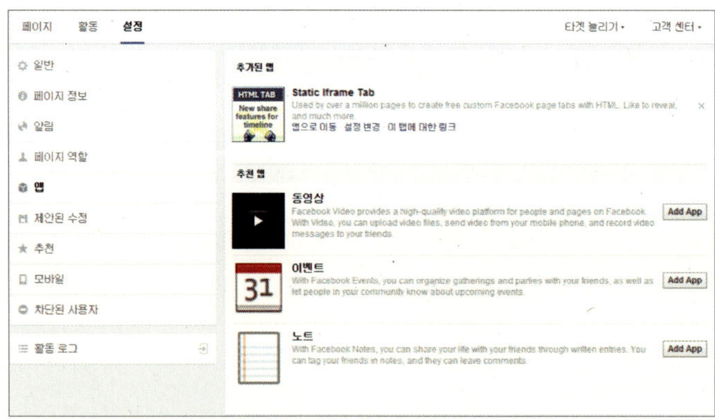

- **동영상** : 페이스북에서 동영상을 올릴 수 있는 앱
- **노트** : 장문의 글을 작성할 때 유용한 앱

'이벤트' 앱이 '추가된 앱' 영역으로 이동하면 사용이 가능합니다.

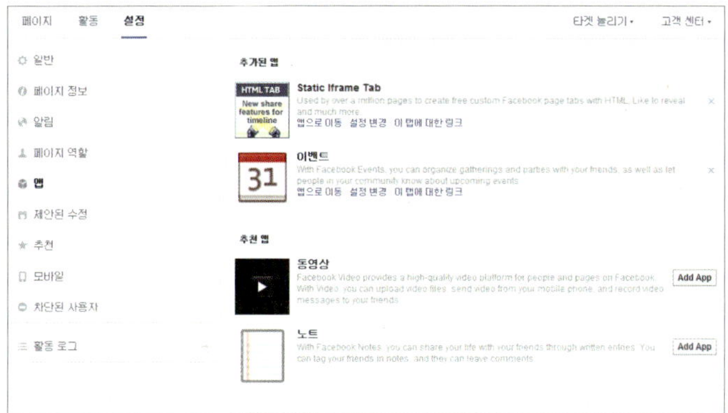

페이스북 페이지에서 '더 보기'를 클릭하면 '이벤트' 앱이 활성화된 것을 확인할 수 있습니다.

이벤트 탭을 선택하고 [+이벤트 만들기] 버튼을 클릭하여 이벤트를 진행하면 됩니다. 다음 그림은 필자가 정기적으로 올린 이벤트 스토리의 목록입니다.

blog와 페이스북 연동하기

네이버나 다음 또는 Tistory의 블로그와 페이스북을 연동한 후 블로그에 글을 작성하면 페이스북에 글이 자동으로 옮겨지므로 별도로 글을 작성하지 않아도 SNS 도구를 편리하게 관리할 수 있습니다. 지금부터 블로그의 글을 자동으로 페이스북에 옮겨 주는 '앱' 기능을 알아보겠습니다.

페이스북 검색창에 블로그의 RSS[2] 기능을 이용해 페이스북에 자동으로 전송하는 '앱'인 'RSS Graffiti'를 입력한 후 '돋보기' 모양을 클릭합니다.

화면의 중간에 위치한 [Add New Pub-
lishing Plan] 버튼을 클릭합니다.

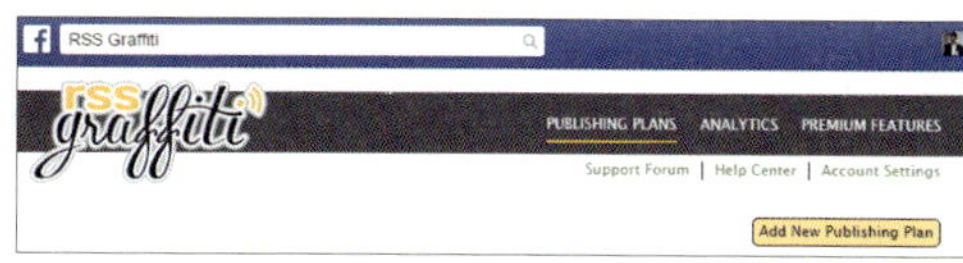

이름 입력란에 블로그 이름을 입력하고
[Create Publishing Plan] 버튼을 클릭합
니다.

왼쪽의 'SOURCES'는 블로그 RSS 주소를
입력하는 곳이고, 오른쪽의 'TARGET'은
글을 보낼 페이스북 페이지나 프로필을
선택하는 곳입니다.

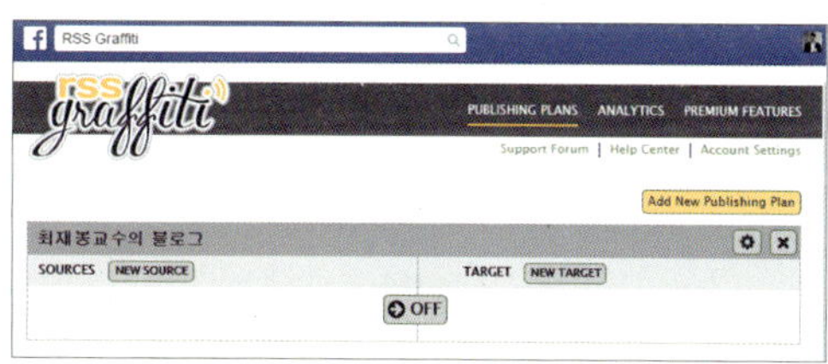

왼쪽의 [NEW SOURCE] 버튼을 클릭하
고 자신이 운영하고 있는 블로그의 RSS
주소를 입력한 후 [Add Source] 버튼을
클릭합니다.

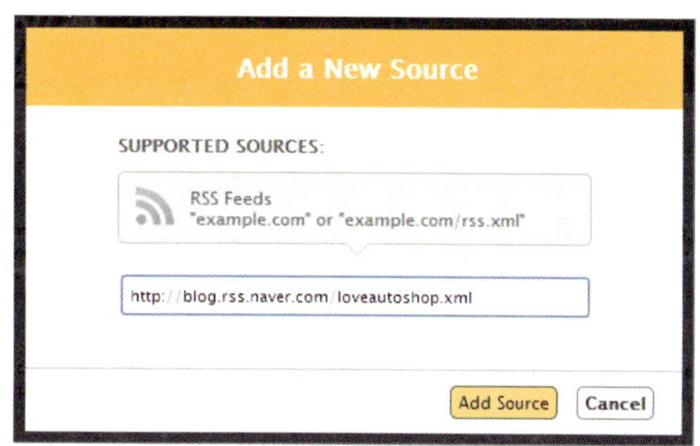

---

2) RSS(Really Simple Syndication, Rich Site Summary)는 뉴스나 블로그 사이트에서 주로 사용하는 콘텐츠 표현 방식으로 빈
번한 웹사이트의 정보를 사용자에게 쉽게 제공하기 위해 만들어졌습니다. RSS를 이용하면 각각의 사이트에 일일이 접속할 필
요 없이 프로그램 혹은 서비스를 이용한 정보의 자동 수집이 가능합니다.

블로그의 RSS 주소 확인하기

모든 블로그는 RSS 주소를 가지고 있습니다. 네이버나 다음, Tistory에서 [RSS]라는 버튼을 찾아 클릭하면 주소를 알 수 있습니다.

1. 블로그에서 'RSS 2.0'이라는 버튼을 클릭합니다.

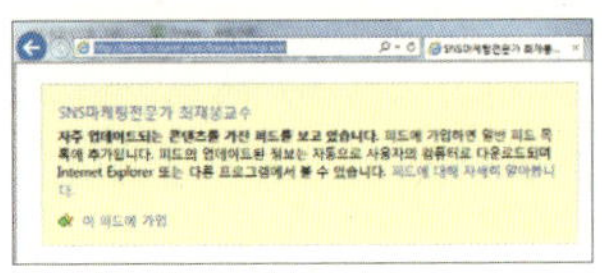

2. 검색창에 나타난 주소가 바로 RSS 주소입니다.

오른쪽의 [NEW TARGET] 버튼을 클릭하면 페이스북 페이지를 선택할 수 있는 화면이 나타납니다. [Facebook] 버튼을 클릭합니다.

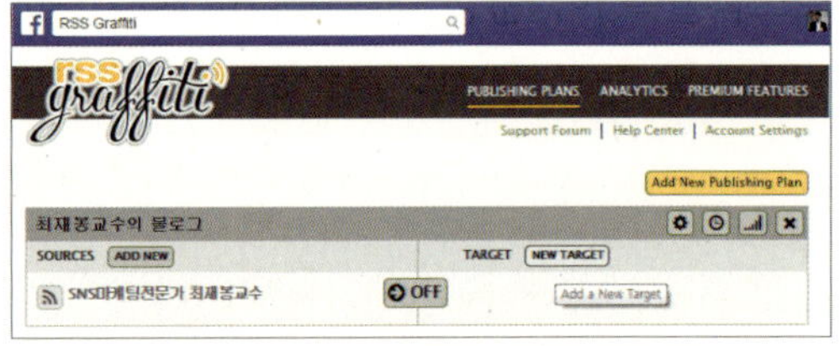

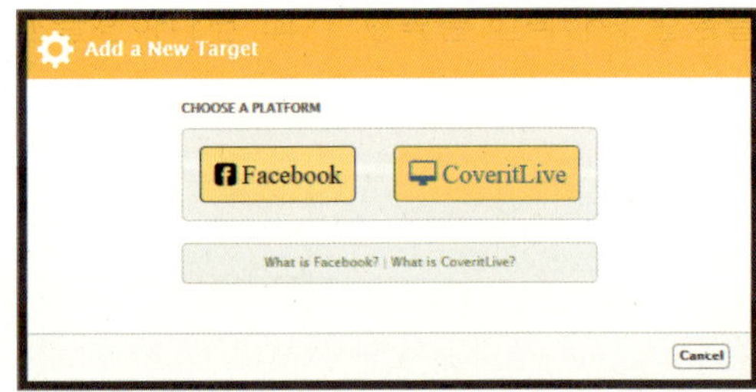

'Choose Target' 항목에서 연결을 원하는 페이지나 그룹 또는 프로필을 선택합니다.

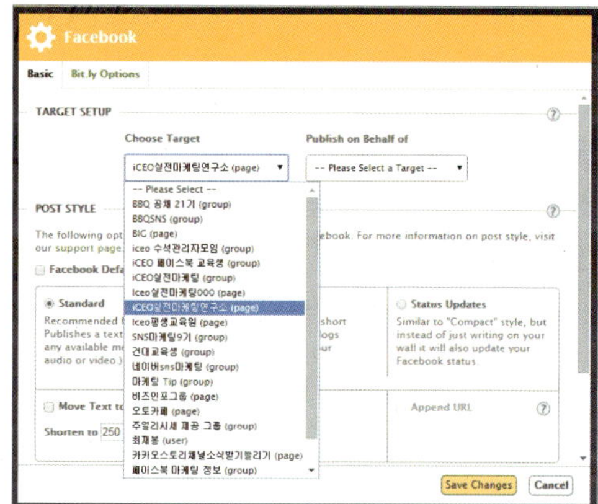

'Publish on Behalf of' 항목도 똑같이 선택한 후 [Save Changes] 버튼을 클릭합니다.

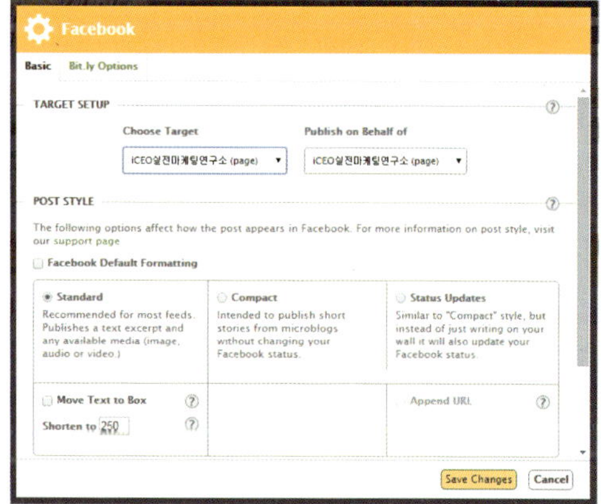

[ON] 버튼을 클릭하면 작성한 블로그의 글이 연결된 페이스북 페이지나 그룹 또는 프로필에 올라가게 됩니다.

네이버 블로그에 글을 작성한 후 일정 시간이 지나면 페이스북에 다음과 같이 자동으로
해당 글이 등록되는 것을 확인할 수 있습니다.

❺ 돈 되는 **페이지 광고 비법**

페이스북에서는 자신이 원하는 지역이나 타깃 고객을 대상으로 광고를 할 수 있는 기능을 제공합니다. 지금부터 페이스북 광고를 활용해 팬 수를 늘리거나 이벤트에 참여시키고 쇼핑몰로 유도하는 방법에 대해 자세히 알아보겠습니다.

5.1 페이지 홍보 방법

페이지 홍보는 효과적인 광고를 통하여 팬 수를 확보할 수 있도록 다양한 기능을 유료로 제공합니다. 한 번 입력된 카드 정보나 개인정보는 계속 유지되므로 추후 다시 광고를 할 때는 클릭 몇 번만으로도 쉽게 진행할 수 있습니다. 결제는 비자카드나 마스터카드 모두 가능하며, 신용카드나 직불카드도 사용할 수 있습니다. 그럼 실제로 따라하며 광고 방법을 알아보겠습니다.

페이스북 페이지에서 '타깃 늘리기'를 선택하고 '페이지 홍보' 메뉴를 클릭합니다.

페이스북 비밀번호를 입력하는 화면이
나타나면 비밀번호를 입력하고 [계속하
기] 버튼을 클릭합니다.

결제 수단을 선택하는 화면입니다. 결제
가 가능한 수단을 선택하고 [계속하기]
버튼을 클릭합니다.

카드 번호, 만기일 등을 작성한 후 [제출]
버튼을 클릭합니다. 여기까지가 기본 설
정입니다. 이 정보는 삭제를 하지 않는 한
계속해서 저장되므로 이후에도 편리하게
활용할 수 있습니다.

결제수단을 설정했으면 간단하게 타깃
과 예산을 정해서 홍보를 진행할 수 있
습니다.

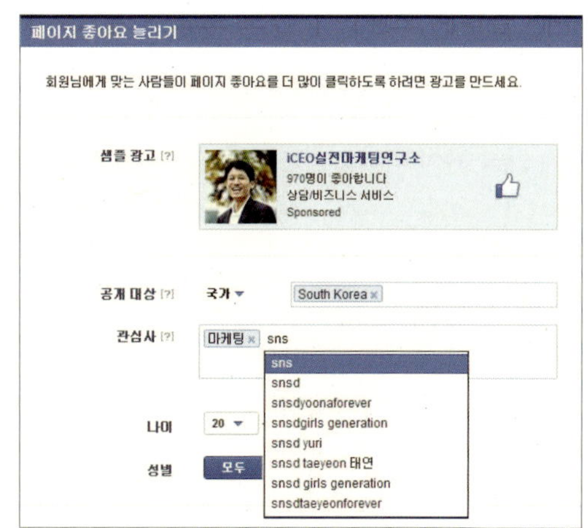

- **공개 대상** : 어떤 나라를 대상으로 광고를 진행할 것인지 선택할 수 있습니다. '국가' 선택에서 '미국'을 선택하면 해당 지역 페이스북 사용자들에게만 광고가 보입니다.

- **관심사** : 자신의 제품과 관련된 키워드를 입력합니다. 페이스북 사용자 중 특정 키워드를 입력한 사람에게 노출함으로써 고객을 유입시킬 수 있습니다. '의류'를 판매하고 있다면, '관심사'에 '의류, 원피스, 여성의류, …' 등을 입력하면 됩니다.

- **나이&성별** : 자신의 제품에 맞는 연령층에만 홍보를 할 수도 있습니다. '20대 여성의류'를 판매한다면 나이를 '20~29세'로, 성별을 '여자'로 선택하면 보다 정확한 타깃에게 홍보를 진행할 수 있습니다.

자신의 예산에 맞춰 홍보를 진행할 수 있는 기능도 제공됩니다. '일일 예산' 메뉴를 클릭하면 하루 동안 해당 금액이 지출될 때 몇 명의 팬 수를 확보할 수 있을지 예상 숫자가 표시됩니다.

일일 예산을 설했으년 이 예산을 며칠산 반복해서 사용할 것인지 기간도 설정할 수 있습니다. 주별, 월별, 이벤트별로 예산과 기간을 정할 수 있으므로 효과적으로 광고를 운용하는 데 도움을 줍니다.

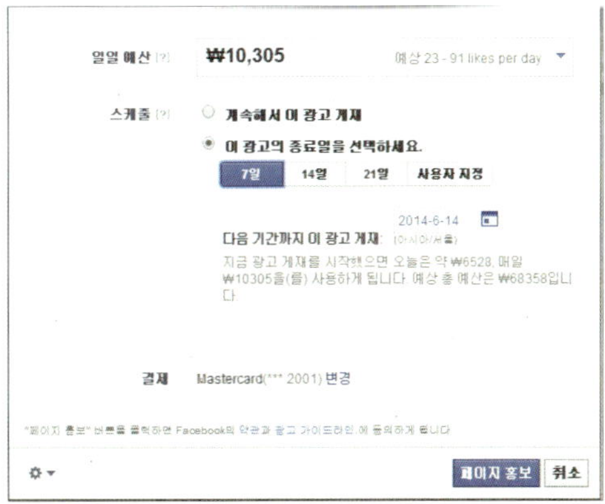

5.2 페이스북 광고 실전 활용

페이스북 페이지에서 '타겟 늘리기'를 클릭하고 '광고 관리자 사용' 메뉴를 선택하면 자신의 용도에 맞는 광고를 진행할 수 있습니다.

'페이지 게시물 참여'를 선택하면 페이스북에 올린 게시물 중 하나를 홍보할 수 있습니다. 이벤트나 회사 홍보용 동영상을 만들어 단기간 내에 많은 사람들에게 홍보하려면 이 항목을 선택하면 됩니다. 하지만 이 항목은 게시글 하나에서 '좋아요'가 늘어나는 것일 뿐, 다른 게시글을 올려도 '팬'으로 지정되는 것은 아니기 때문에 다른 게시글을 노출시킬 수는 없습니다.

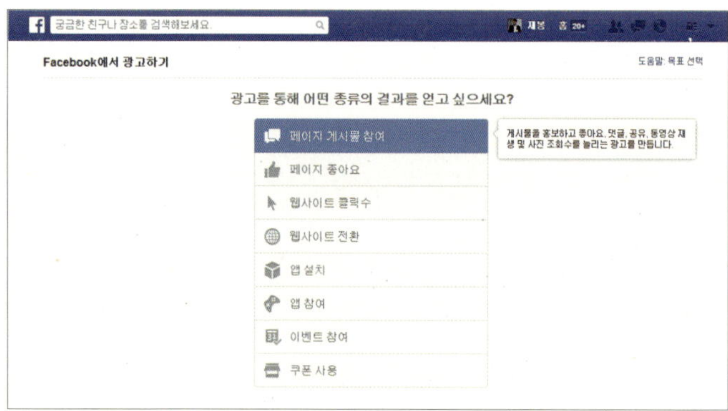

- **웹사이트 클릭 수** : 자신이 운영하는 웹사이트로 방문객을 유도할 때 사용합니다.
- **웹사이트 전환** : 웹사이트 중 특정 페이지로 유도할 때 사용합니다.
- **앱 설치** : 자신이 만든 앱을 다운받도록 할 때 사용합니다.
- **앱 참여** : 활발한 앱 활동을 유도하고 싶을 때 사용합니다.
- **이벤트 참여** : 이벤트를 홍보하고 싶을 때 사용합니다.
- **쿠폰 사용** : 만든 쿠폰을 홍보하기 위한 광고를 만들 때 사용합니다.

만약 페이지 구독수를 늘리고자 한다면 '페이지 좋아요'를 선택하면 됩니다. '페이지 좋아요'를 선택한 팬이 늘어나면 자신이 올린 게시글을 받아보는 사람들이 늘어나는 것이기 때문에 홍보나 이벤트 참여를 유도하는 데 효과적입니다. 여기서는 '페이지 좋아요'를 선택해 광고를 진행해 보겠습니다.

광고를 진행할 페이지를 선택합니다.

광고가 나갔을 때 소비자로부터 클릭을 유도할 수 있는 이미지를 넣는 부분입니다. 내용을 보기 전에 이미지를 보고 무엇을 하는 곳인지 미리 판단할 수 있기 때문에 회사소개, 상품소개, 이벤트 내용 등을 올리면 팬 수가 많이 늘어납니다.

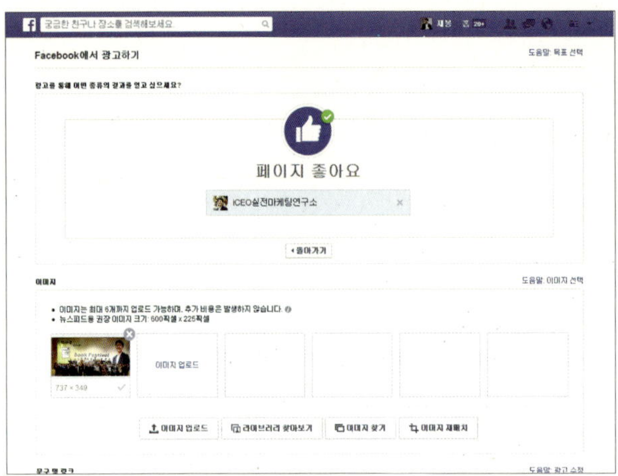

다음은 문구 및 링크를 설정하는 곳입니다. 문구는 광고에 대한 내용으로 하고 사진과 함께 노출되는데 문구에 따라 팬 수가 달라질 수 있으므로 광고 전 기획해 입력합니다. PC나 모바일에 표시되는 광고 페이지를 미리 보여주는 화면에서 이미지나 문구는 다시 수정할 수 있습니다.

클릭을 유도하는 문구 작성법

- '좋아요'를 클릭하면 누릴 수 있는 혜택을 작성합니다.

  (예 '좋아요'를 클릭하면 20% 할인된 가격으로 신상을 구입할 수 있습니다.)
- 이벤트에 대한 내용을 작성합니다.

  (예 '좋아요'를 누르는 분 중 10명을 선정해 해외여행을 보내드립니다.)
- 제품에 대한 설명이나 정보를 작성합니다.

  (예 한 달에 10kg을 감량할 수 있는 정보를 제공해 드립니다.)
- 제목 정하기 : 제목은 이미지 하단에 나타나기 때문에 짧고 직관적으로 작성하는 것이 좋습니다.

  (예 '좋아요' 팬들에게만 제공하는 EVENT !! / ○○돼지갈비집 오픈 기념 EVENT !!)
- 랜딩뷰 : 광고를 클릭했을 때 연결되는 페이지를 설정할 수 있습니다. 이벤트 페이지나 자신이 직접 만든 홍보 페이지로 링크를 설정하면 팬 수를 확보하는 데 많은 도움이 됩니다.

광고에서 가장 중요한 것은 타깃 설정입니다. 광고가 노출될 위치와 연령, 성별 등을 지정해 조건에 해당하는 페이스북 사용자들에게만 노출될 수 있도록 합니다.

- **위치** : 어느 곳에 있는 사람들을 대상으로 광고를 할 것인지 정할 수 있습니다. '서울, 대전, 대구'처럼 도시를 선택하거나, 해외에 수출을 원한다면 'china, 광저우' 등을 선택하면 됩니다.
- **연령** : 참여를 원하는 연령대를 선택하여 특정 연령대에만 광고가 노출되도록 설정할 수도 있습니다.
- 이 외에도 성별, 언어, 관심사 등의 항목도 설정할 수 있습니다.
- **연결 관계** : 자신의 페이지에 팬으로 등록된 사람에게만 노출되도록 하거나, 반대로 관계없는 사람에게만 노출되도록 설정할 수 있습니다. 후자의 경우는 일반적으로 팬 수를 확보하기 위한 것으로 '연결되지 않은 사람만' 선택하면 됩니다.

'인구통계 더 보기' 항목은 좀 더 구체적인 타깃을 설정하여 광고를 할 수 있는 방법입니다. 결혼상품을 판매한다면 현재 '연애' 상태의 사람에게만 노출되도록 타깃을 보다 명확하게 설정할 수 있습니다. 또 광고 노출 설정에 직장을 추가할 수도 있습니다. 예를 들어 '삼성전자'에 다니는 사람들에게만 내 상품을 광고하고 싶다면 '직장'에 '삼성전자'를 입력하면 되는데, 이 기능은 자신의 상품을 특정 회사 직원들에게 홍보할 때 유용합니다.

특정 상품에 관심이 있는 사람에게 관련 상품을 광고하면 구매전환율이 높아지므로 관심사를 설정하는 것이 좋습니다. 예를 들어 스포츠용품을 판매하는 사람이라면 관심사에서 '스포츠 및 야외활동'을 선택하여 해당 분야에 관심 있는 사람에게만 광고가 노출되도록 할 수 있습니다.

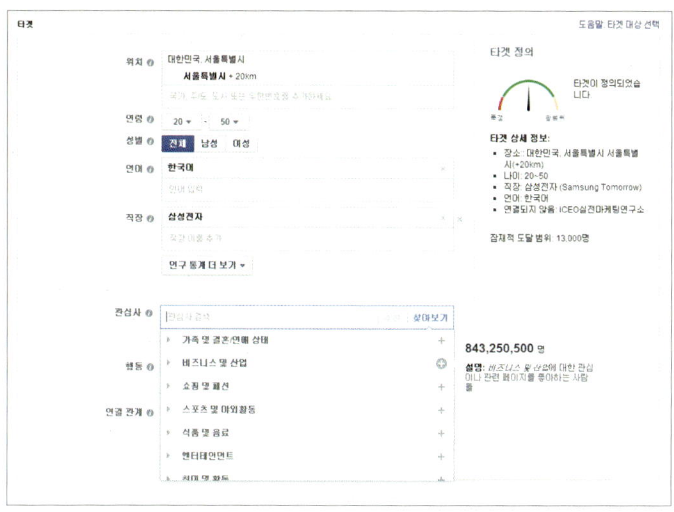

또한 모바일을 이용하여 페이스북에 접속한 사용자에게만 광고할 수도 있습니다. 별도로 이런 설정을 하지 않으면 PC와 모바일을 통한 접속자 모두에게 기본적으로 광고가 노출됩니다.

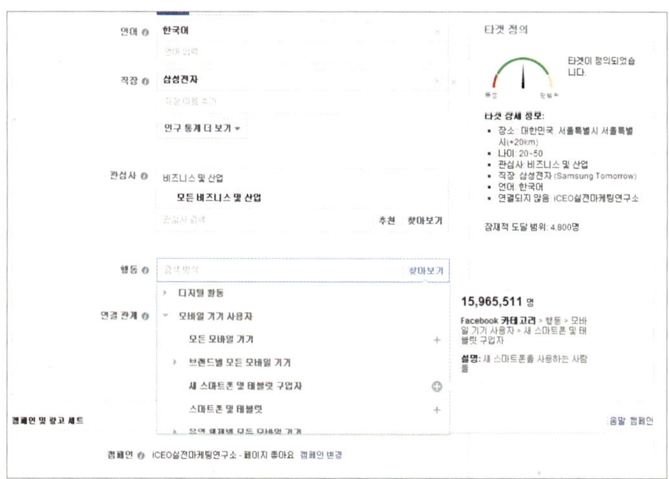

다음과 같이 광고가 노출될 타깃을 모두 지정하였습니다.

이번에는 광고비를 어느 정도 지출할지 예산을 설정합니다.

- **광고 세트 이름** : 향후 광고 이름을 보고 보고서를 확인할 수 있기 때문에 고유의 이름을 지정하는 것이 좋습니다. 예를 들어 '삼성전자 직원대상 이벤트 20140607'처럼 구체화하는 것이 좋습니다.
- **예산** : '매일 5,000원씩 사용하겠다'와 같이 예산을 설정합니다.
- **스케줄** : 시작일과 종료일을 설정합니다.

예산은 '매일'과 '총예산'을 선택할 수 있습니다. 총예산을 선택하면 예산이 0이 될 때까지 광고가 이루어집니다.

[주문하기] 버튼을 클릭하면 '페이스북 광고 가이드라인'의 저촉 여부를 확인하고, 이상이 없을 때만 광고가 진행됩니다. 광고 확인은 대략 24시간 이내에 이뤄집니다.

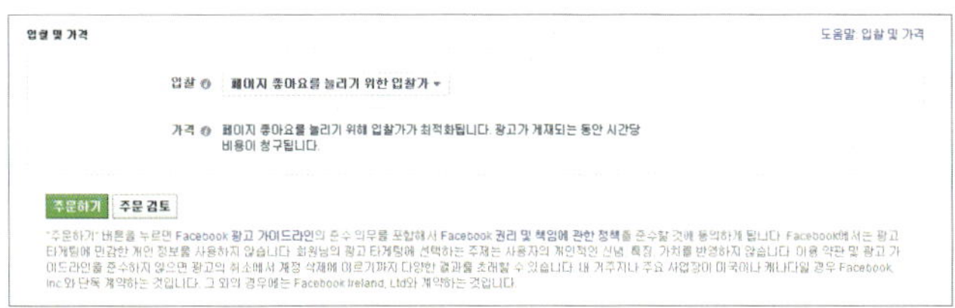

5.3 효율적인 광고 관리법

광고가 시작되면 얼마나 많은 사람들이 보았는지, 몇 명의 사람들이 '좋아요'를 눌렀는지 궁금할 것입니다. 페이스북에서는 이에 관한 자세한 통계 자료를 제공합니다. 페이스북 페이지의 '보고서' 메뉴를 클릭하면 그림과 같은 화면이 나타납니다. 이곳에서 광고 게재 일자와 캠페인 내용, 그리고 노출 수와 클릭 수를 확인할 수 있습니다.

총지출비용과 클릭당 단가도 확인할 수 있습니다. 캠페인에 대한 내용을 어떻게 작성하느냐에 따라서 노출 대비 클릭 수가 달라질 수 있습니다. 최근에는 클릭 수를 높이기 위해 캠페인명이 중요한 요소로 부각되고 있습니다.

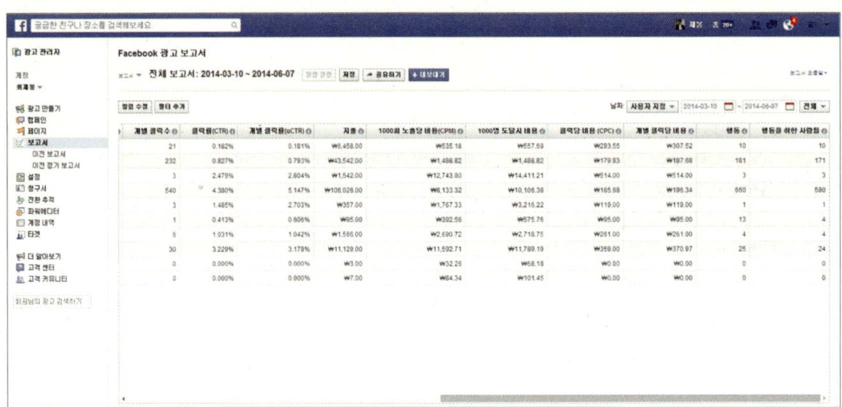

일정 기간 동안 얼마의 홍보비를 지출했는지도 확인이 가능한데, 예산을 잡고 향후 계획적으로 광고를 하는 데 필요한 메뉴입니다.

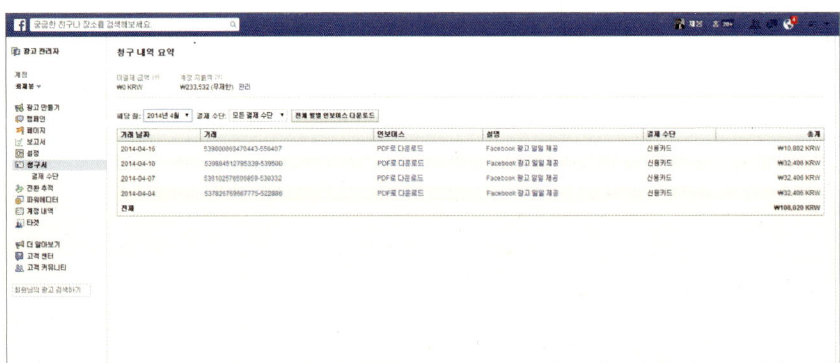

❻ 페이지 **활성화 비법**

페이스북은 여러 단계를 거쳐 활성화되므로 단계별 활성화 방법에 대해서 알아보겠습니다.

'잔치를 벌였으면 일단 시끌시끌한 것이 좋다'라는 말처럼 페이스북을 이용하여 마케팅을 하기로 했으면 공통 관심사를 가지고 있는 팬을 확보하는 것이 중요합니다. 확보된 팬들에게 꾸준한 이벤트와 필요로 하는 콘텐츠를 제공하여 자연스럽게 소통과 공감을 얻어내야 합니다. 그래야 다음 단계인 참여와 공유로 확산이 일어나게 됩니다. 지금부터 각 단계별 공략 방법에 대해서 알아보겠습니다.

페이스북 페이지를 운영할 때 가장 중요한 것은 팬 수를 단기간 내에 확보하는 것입니다. 이때 많이 활용하는 방법이 바로 이벤트입니다. 이벤트를 만든 후 유료 광고, 트위터, 그룹, 바이럴 마케팅 등을 활용해 확산시켜 참여를 유도하고, 팬 수를 확보하는 방식입니다.

다음 그림은 페이스북 이벤트를 전개한 화면입니다. 페이스북에 이벤트를 올린 후 '공유' 179개, '좋아요' 279개, '댓글' 216개로 많은 사람들이 반응을 보여 주었습니다. 이렇게 활성화될 수 있었던 것은 참여하기 쉽게 이벤트를 만들었기 때문입니다. '이 글을 친구에게 공유하고 댓글 달기 이벤트'는 단순하게 참여만 하는 것이 아니라 친구들과의 공유를 통해서 모르던 사람들도 참여하게 되고, 댓글 달기 미션을 주었기 때문에 많은 사람들의 댓글도 유도하게 것입니다.

블로그를 이용한 바이럴 마케팅도 중요합니다. 블로그에서도 이벤트를 하고 있다는 포스팅을 했으며, 이로 인해 많은 사람들이 참여할 수 있게 되었습니다. 사람들이 많이 검색하는 키워드를 선택한다면 더 많은 사람들의 참여를 유도할 수 있습니다.

트위터를 이용한다면 더 많은 사람들의 참여를 유도할 수 있습니다. 트위터는 짧은 시간에 많은 사람들에게 보이기 때문에 영향력 있는 이벤트 내용이나 뉴스는 순식간에 많은

사람들에게 확산됩니다.

단기간에 공통적인 관심을 가지고 있는 사람들을 유입시키는 방법 중 하나가 바로 광고입니다. 다음 그림은 필자가 단기간 내에 이벤트를 올려놓고 광고를 한 결과입니다. 103,000원을 지출했는데 '광고 도달'이 71,712명, '좋아요'나 링크를 클릭한 참여자는 347명이었습니다.

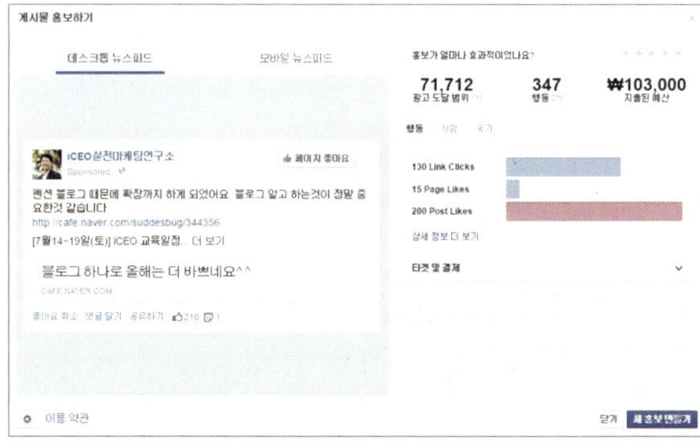

이처럼 하나의 페이지를 활성화시키기 위해서는 여러 가지 채널이 유기적으로 움직여야 합니다.

성공 사례로 보는 페이스북 광고

"SNS 덕분에 종로 주얼리 상가 중 가장 바쁜 날을 보내고 있어요"

- 운영 페이스북 : www.facebook.com/juwon1258
- 판매상품 : 주얼리

처음 SNS 마케팅을 하기 위해 페이스북과 카카오톡 교육을 받으려고 iCEO실전마케팅연구소의 문을 두드렸을 때만 해도 저 같은 왕초보가 해낼 수 있을까라는 의문을 갖고 있었습니다. 50이 넘은 시니어였기 때문에 젊은 사람들이 활발하게 활동하고 있는 페이스북에서 과연 경쟁력을 확보할 수 있을지 걱정되었습니다. 하지만 최재봉 교수님의 교육을 듣고 SNS 마케팅도 사람이 사는 세상에서 이뤄지는 활동이며, SNS가 사업장을 찾아오는 고객과 친근감을 쌓을 수 있는 좋은 도구라는 것을 알게 되자 자신감이 생겼습니다.

교육을 받은 후 페이스북을 새롭게 꾸미기 시작했습니다. 소비자가 들어왔을 때 내가 무엇을 하는 사람인지 알 수 있도록 커버 사진을 '주얼리숍'처럼 변경했고, 주인 얼굴을 공개해야 신뢰를 확보할 수 있다는 말에 제 사진으로 프로필 사진도 바꾸었습니다.

그 다음 글을 작성했습니다. 처음에는 어떻게 써야 할지 몰라 부담이 되기도 했지만, 사람들과 대화하듯이 간단한 일상을 표현하면 된다고 한 최교수님 말을 기억하면서 사진 한 장과 간단한 일상글을 작성하는 작업을 반복했습니다.

또한 아는 사람을 중심으로 친구를 신청하고, 고객이 방문하면 페이스북 주소를 홍보하자 점점 탄력을 받게되어 처음 시작했을 때 200명에 불과했던 친구 수가 5개월 만에 4,827명이 되었습니다.

가장 놀라운 것은 페이스북을 보고 전국에서 주문이 들어오기 시작한 것입니다. 요즘 경기가 어려워 주변 주얼리숍들은 모두 힘들어 하는데, 저는 바빠서 행복한 비명을 지르고 있습니다.

운영하는 카페나 카카오톡으로 고객들이 보내주는 후기를 페이스북에 올리고 나서는 더 많은 매출이 발생했습니다. 사용자의 구매 후기는 구매 촉진의 매개체라는 최교수님의 이야기가 실제로 이루어진 것입니다.

그래서 좀 더 공격적인 마케팅을 위해 '쥬얼리를 사랑하는 사람들'이라는 그룹을 만들어 친구와 함께 고객을 관리하기 시작했습니다.

현재 1,400명이 넘는 멤버가 이 그룹에서 활동하는데 서로 의견을 나누고 구매 문의도 활발하게 일어나고 있습니다. 저는 페이스북이나 그룹에서 친분을 쌓게 되면 바로 카카오톡 아이디를 알려 주었습니다. 카카오톡에서는 실시간으로 상담이 가능하기 때문에 매출과 직결되는 것을 체감할 수 있었습니다.

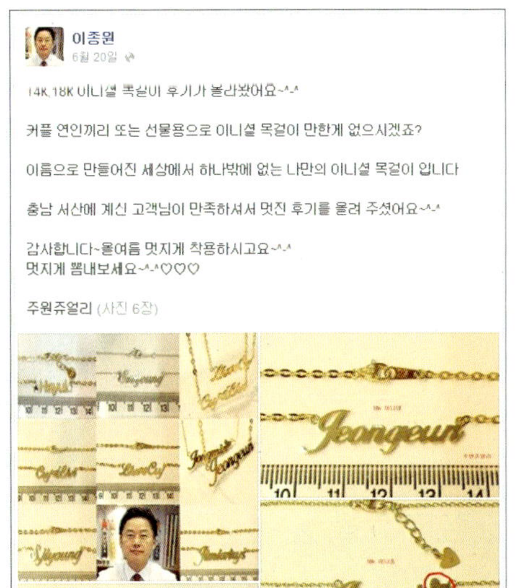

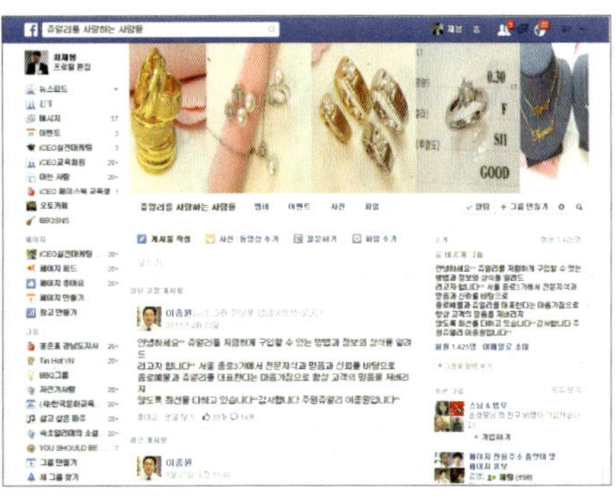

다음 그림은 페이스북 메시지를 통한 상담 내용입니다. 페이스북 친구로 20대 후반의 여성에게 목걸이를 선물하기 위해서 여러 곳을 알아보다 저와 연결이 되었는데 디자인과 가격에 대해서 궁금한 부분을 설명해 드렸고, 구매까지 연결되었습니다.

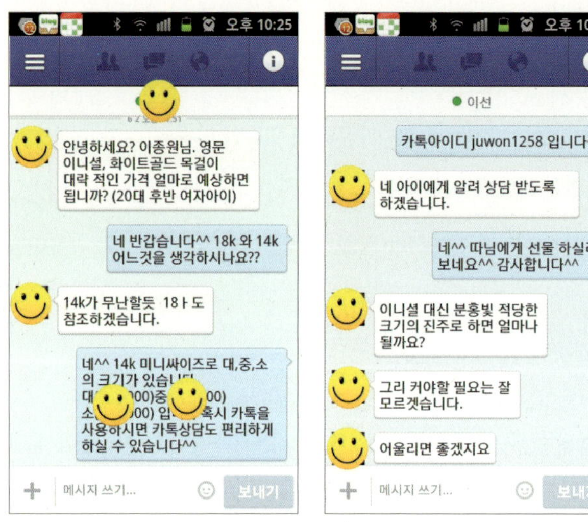

50대에 처음 페이스북을 시작했을 때의 막연한 두려움과 걱정이 이제는 재미있는 일상으로 변하게 되었습니다. 그동안은 좋은 디자인의 제품을 출시하거나 가격이 저렴해도 특별히 알릴 방법이 없었는데, 이제는 일상을 알리듯이 페이스북에 올리기만 하면 많은 친구들의 댓글과 함께 구매를 해 주니 일하는 재미가 쏠쏠합니다. SNS 마케팅의 핵심은 진정성을 바탕으로 한 소통인 것 같습니다. 인터넷이라는 공간에서 실제 눈에 보이지는 않지만 마음만은 통하는 것을 직접 체험하면서 소비자 역시 마음을 읽고 있다는 것을 느꼈기 때문입니다.

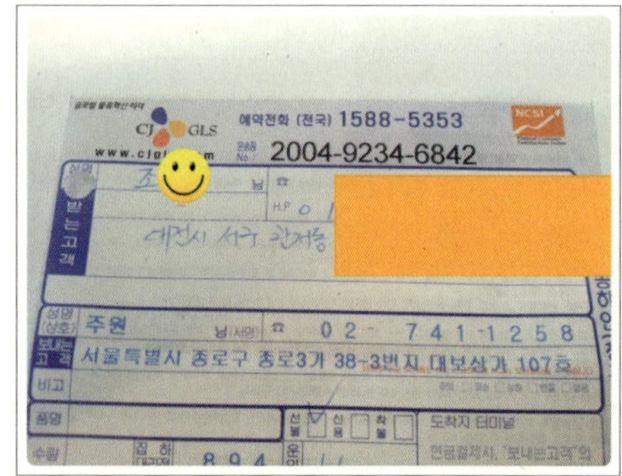

주원주얼리의 성공 TIP

사업하는 사람들에게 가장 중요한 요소 중의 하나가 바로 마케팅인 것 같습니다. 하지만 나이가 들면서 새로운 것에 도전하기가 쉽지 않습니다. 종로 주얼리 상가는 장기간 불황을 겪고 있습니다.

불황에도 잘 되는 곳은 항상 있다.

불황에도 주얼리를 구입하려는 사람들은 있습니다. 내 가게에 손님이 없다면 다른 곳에 빼앗기고 있을 뿐이지요. 종로에서 주얼리 사업을 하는 대부분의 사람들은 오프라인에서 마케팅을 전개하거나 사이트를 만들어 광고를 하고 있습니다. 블로그를 운영하는 곳도 있긴 하지만 효과가 미비합니다. 이유가 무엇일까요?

소비자의 특성에 맞춰서 마케팅을 전개하다.

주얼리를 구매하는 소비자는 누구일까요? 다양한 연령의 사람들이 주얼리를 구매하지만, 주 소비층은 20~30대입니다. 주원주얼리에서는 결혼 적령기에 있는 사람들과 커플반지를 하는 사람들을 타깃으로 정하였습니다. 20~30대가 많이 활동하고 있는 곳이 어디일까요? 바로 페이스북입니다. 그래서 페이스북 마케팅에 집중하게 됩니다.

페이스북 운영이 어렵지 않을까?

절대 어렵지 않습니다. 처음 기능을 익히는 시간이 필요할 수 있지만 기능을 익힌 후에는 별 어려움 없이 운영할 수 있습니다. 마케팅은 말 그대로 소통을 중심으로 하면 됩니다. 주원주얼리 대표님은 50이 넘어 처음 페이스북을 시작했습니다. 페이스북에 자신의 일상을 올려놓고 사람들과 '댓글'과 '좋아요'로 소통하면서 사업이 알려지고 매출이 오르게 된 것입니다.

회원 유입은 어떻게 했나요?

신규 고객은 검색을 통해 들어오기 때문에 블로그를 운영하면서 확보하거나 매장에 방문한 고객의 정보를 확보해 카카오톡으로 소통하기 시작했고 페이스북에서는 친구로 등록된 회원들과 소통하다 보니 그 친구의 친구들이 들어오게 된 것입니다.

"우보만리"라는 말이 있습니다. 소의 걸음으로 만 리를 간다는 뜻인데 온라인 마케팅이 그런 것 같습니다. 처음 핵을 뭉치기는 어렵지만 한 번 뭉쳐지면 기하급수적으로 퍼지게 됩니다. 자신이 올린 글에 덧글이 달리기를 기다릴 것이 아니라 남의 글에 관심을 가지고 소통을 시작하면 오래 지나지 않아 자리를 잡게 될 것입니다.

facebook & KakaoStory MARKETING

06

페이스북 마케팅 실전 비법

이 장에서는 직접적으로 매출과 연결되는 페이스북 소식받기 수를 늘리는
방법, 글을 단기간 내에 확산시키는 방법, 이벤트를 활성화시키는 방법을 알
아봅니다.

페이스북 마케팅 실전 비법

이제 페이스북 마케팅의 실전에서 페이스북을 활성화시키는 방법, SNS 마케팅을 통해 단기간 내에 매출 고객을 유입시키는 방법, 이벤트를 활성화시키는 방법, 그리고 매출을 올리는 방법에 대해 알아보겠습니다.

❶ 페이스북 친구를 늘리는 3가지 비법

SNS는 '지인들과 정보를 주고받는다'는 아주 기본적인 원리로 시작되었기에 모르는 사람들보다는 아는 사람들과 먼저 친구를 맺고, 후에 자신의 사용 목적에 맞춰 실구매 고객을 유입시키는 것이 좋습니다. 페이스북 친구를 늘리는 다양한 방법에 대해 알아보겠습니다.

1.1 페이스북 위젯 이용해 친구 늘리기

페이스북 위젯을 이용하면 페이스북에 글을 올릴 때마다 블로그의 위젯에서 확인할 수 있고, 관심 있는 신규 고객을 페이스북 친구로 만들 수 있습니다. 그림처럼 블로그에 페이스북 위젯을 설치한 후 클릭하면 해당 페이스북으로 이동하게 됩니다.

페이스북 위젯을 블로그에 추가하려면 주소 입력란에 페이스북 위젯 페이지 주소 (www.facebook.com/badges)를 입력하여 해당 페이지로 이동한 후 페이스북 위젯 중 '프로필 위젯'을 클릭합니다.

화면 오른쪽 상단의 '위젯 수정하기'를 클릭합니다.

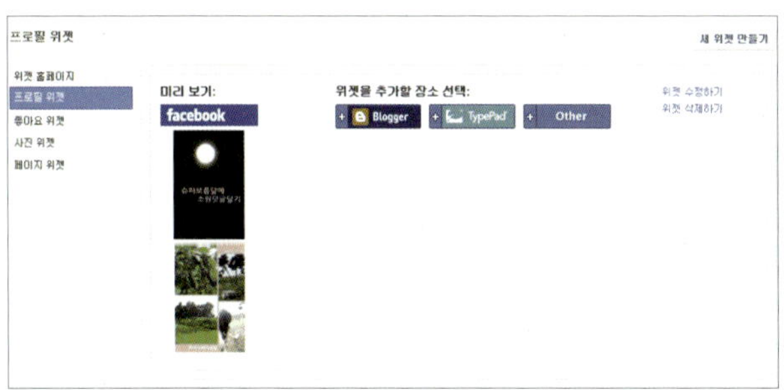

블로그 위젯은 가로 크기에 제한이 있으므로 레이아웃을 세로로 설정해야 형태를 유지할 수 있습니다. 내용 중에서 노출시킬 정보를 선택한 후 화면 오른쪽의 미리보기로 위젯의 내용을 확인하고 [저장] 버튼을 클릭합니다.

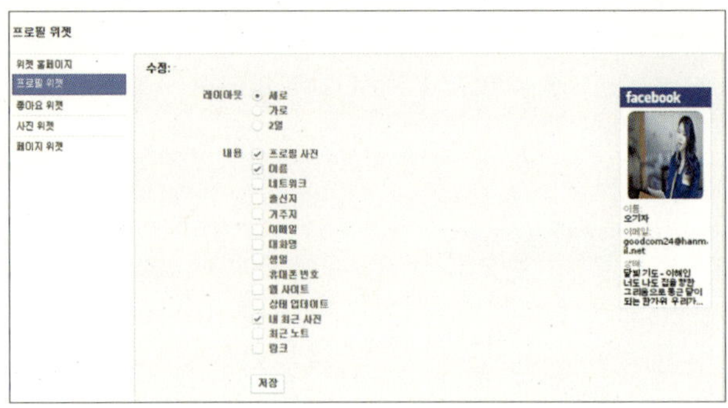

네이버 블로그를 이용한다면 구글 블로그(Blogger)나 미국 블로그(TypePad)에 해당되지 않으므로 [Other] 버튼을 클릭합니다. 위젯 코드가 나타나면 모두 선택한 후 [Ctrl]+[C]를 눌러 복사합니다.

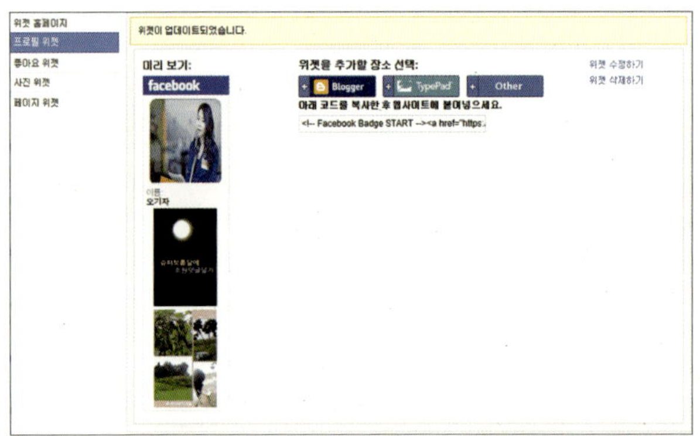

자신이 운영하는 블로그로 이동한 후 '관리 〉 꾸미기 설정 〉 레이아웃·위젯 설정' 메뉴를 선택하고, 화면 오른쪽 하단의 [+위젯직접등록 BETA] 버튼을 클릭합니다. 위젯명은 '페이스북위젯'으로 설정하고, '위젯코드입력'란에 [Ctrl]+ [V]를 눌러 위젯 코드를 붙여 넣기합니다. [다음] 버튼을 클릭하여 생성될 위젯의 미리보기를 확인한 후 [등록] 버튼을 클릭합니다.

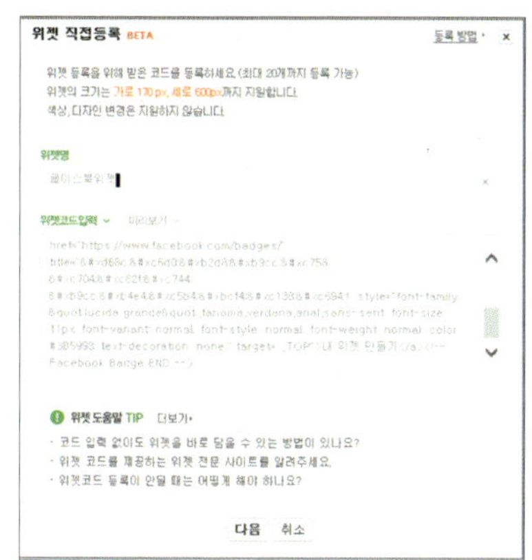

블로그 페이지에 페이스북 위젯이 정상적으로 설치되었는지 확인합니다.

1.2 주소록을 이용해 친구 늘리기

SNS는 기존 고객을 관리하는 데에도 많은 장점이 있습니다. 명함을 받은 사람이나 엑셀 파일로 관리하고 있는 고객 또는 포털 사이트의 주소록에서 관리하고 있는 데이터를 페이스북으로 추가하면 쉽게 친구를 늘릴 수 있습니다.

페이스북은 주소록에 있는 사람에게 5회에 걸쳐 자신의 페이지를 홍보하는 메시지를 보낼 수 있는 기능이 있습니다. 페이스북 사용자가 초대장을 받으면 한 번이라도 페이스북을 방문하게 되어 친구가 될 수 있는 확률이 높아지게 됩니다. 많은 사람들이 네이버 메일을 사용하기 때문에 네이버를 예로 들어 알아보겠습니다.

주소록에 저장된 사람 중에서 아직 페이스북 친구가 아닌 사람들에게 초대 메시지를 보내겠습니다. 앞으로 명함을 받게 되면 포털 사이트에서 제공하는 주소록에 저장한 후 정기적으로 이 방법을 사용하여 페이스북 친구를 맺어 꾸준하게 친구를 늘릴 수 있습니다.

네이버에 로그인한 후 상단 메뉴의 '더보기'를 클릭하여 '주소록' 메뉴를 선택합니다.

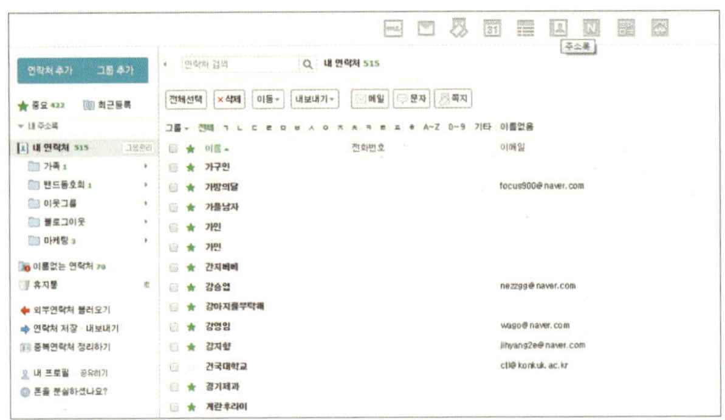

페이스북에서 'facebook 로고'를 클릭하고 왼쪽 메뉴에서 '친구 찾기'를 선택합니다.

화면 오른쪽 하단 '개인 연락처 추가' 항목에 포털에서 제공하는 메일함이 있습니다. 네이버 아이콘을 선택하고 자신이 사용하는 메일 주소와 비밀번호를 입력한 후 [친구 찾기] 버튼을 클릭합니다.

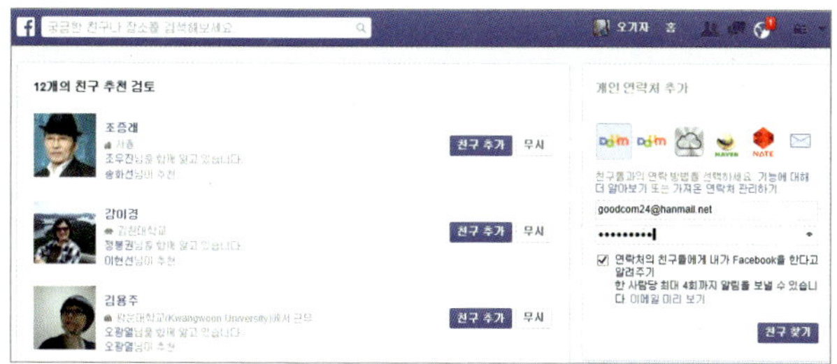

주소록에 저장된 친구 중 아직 페이스북 친구가 되어 있지 않는 사람들의 리스트가 표시됩니다. 이곳에서 친구 요청을 위한 옵션을 선택하고 '친구 추가'를 클릭합니다.

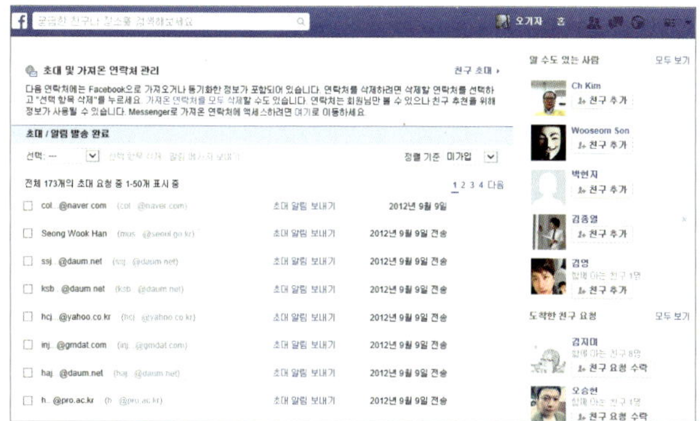

메일이 발송되면 그림과 같은 메시지를 확인할 수 있습니다. 친구들이 [요청 확인] 버튼을 클릭하면 간단하게 페이스북 친구로 추가됩니다.

1.3 페이스북 방문객 늘리기

페이스북은 친구와의 관계 형성을 통해 알려지는 구조이므로, 친구가 아니거나 전혀 관련을 맺고 있지 않은 신규 고객을 유입시키기는 쉽지 않습니다. 하지만 포털에 내 페이스북을 등록하면 검색을 통해 쉽게 신규 고객을 유입시킬 수 있습니다.

예를 들어 포털에서 '오기자'를 검색하면 사이트 목록에 '오기자 페이스북'이 나타나고, 이를 선택하면 해당 페이스북으로 이동할 수 있습니다.

이렇게 페이스북 이름과 주소를 포털 사이트에 등록하면 핵심 키워드 검색 시 해당 페이스북이 노출되므로 페이스북 페이지로의 유입이 용이해집니다. 그럼 포털에 자신의 페이스북을 등록하는 방법을 알아보겠습니다.

포털사이트 중 검색률 80%를 점유하고 있는 네이버로 이동합니다. 네이버 홈 하단에 '검색등록' 메뉴를 클릭합니다.

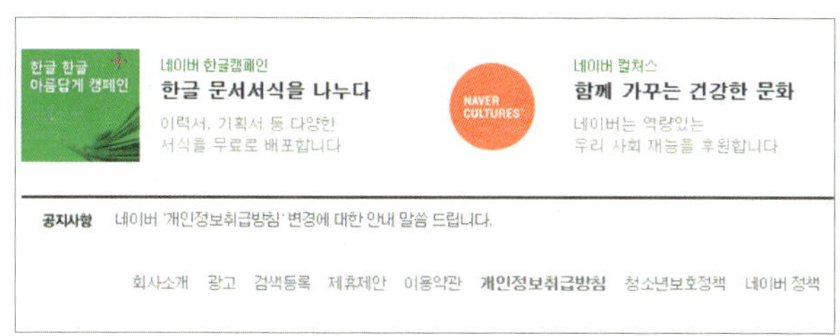

검색등록 페이지에서 [신규 등록] 버튼을 클릭합니다.

신규 등록 페이지에는 4개의 등록 메뉴가 있습니다. 첫 번째는 오프라인 업체와 홈페이지 등록, 두 번째는 업체 위치 지도 등록, 세 번째는 홈페이지 사이트 주소 등록, 네 번째는 모바일웹 등록입니다. 페이스북 주소 등록은 세 번째에 있는 홈페이지 사이트 주소 등록 메뉴를 선택하면 됩니다. 해당 [등록 신청] 버튼을 클릭하면 신규 등록 화면으로 이동합니다.

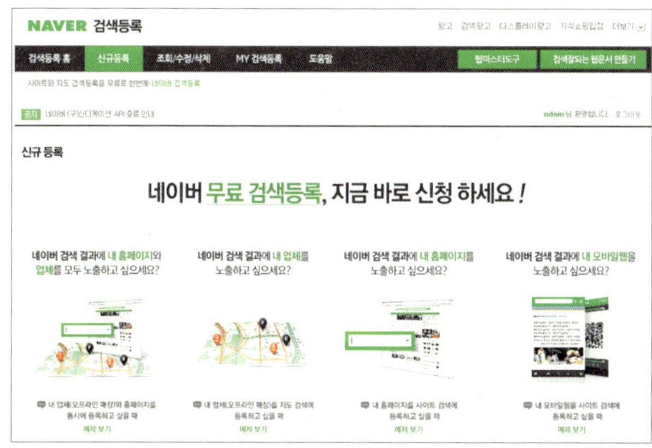

1단계는 해당 사이트가 이미 검색 페이지로 등록되어 있는지 URL 중복을 확인하는 단계입니다. 등록을 원하는 페이스북 주소를 URL 입력란에 입력한 후 [중복확인] 버튼을 클릭하면 등록 신청 가능 여부에 따른 결과가 표시됩니다.

확인 후 [신규 등록 신청] 버튼을 클릭합니다. '검색등록 등록인증' 창이 나타나면 휴대폰 인증을 거쳐 본인임을 인증받아야 합니다.

2단계는 등록신청정보입력 단계로 노출될 사이트명을 입력합니다. 운영자의 분류(홈페이지)는 분류 검색을 통해 세부 항목을 선택하면 자동으로 입력됩니다. 소개 문구는 페이스북 주소가 등록되면 사이트명 하단에 표시되는 문구로, 자신의 아이템에 맞는 핵심 키워드를 나열하는 것이 효과적입니다.

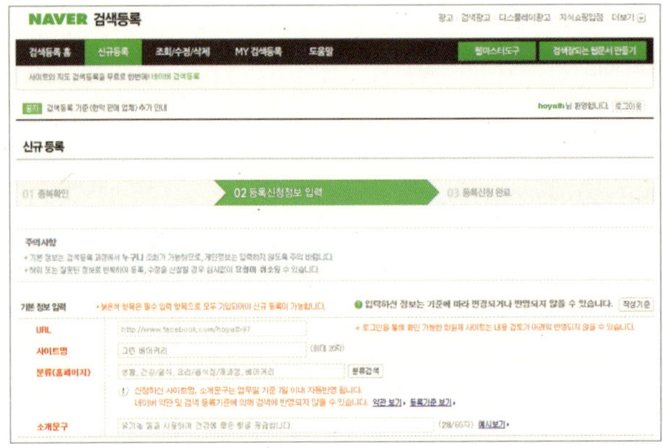

등록 진행 과정을 문자로 안내 받을 수 있도록 휴대폰 번호를 다시 한 번 확인하고, 항목에 체크합니다. 모두 작성하였으면 [확인] 버튼을 클릭합니다. 다음은 페이스북 주소의 포털 사이트 등록 신청이 완료된 화면입니다.

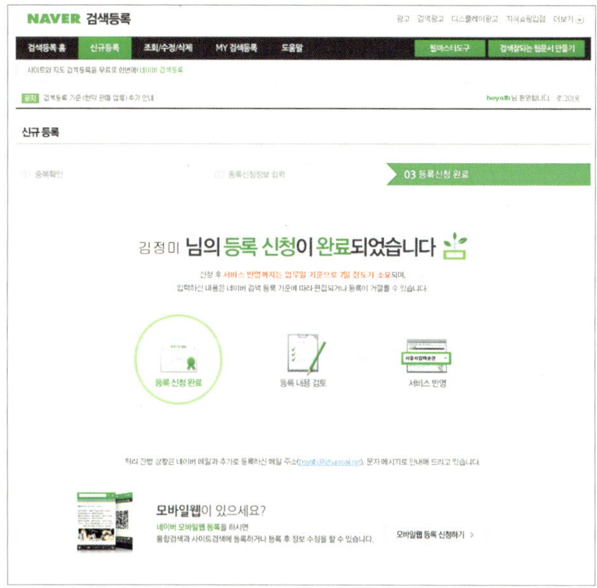

검색 등록 시 사이트 이름

검색 등록 시 페이스북은 '계정이름+페이스북'으로 등록됩니다. 계정이 '오기자'라면 사이트 등록명은 '오기자페이스북'이 됩니다.

❷ 글을 폭발적으로 확산시키는 **5가지 비법**

블로그에 작성된 글이 검색 순위 상위에 노출되면 신규 유입자가 발생하는 것과는 달리 SNS는 친구들의 넷소문을 통해서 확산됩니다. 상위 노출의 개념보다는 입에서 입으로 전달되는 것입니다. 따라서 글을 확산시키기 위해서는 자신이 작성하는 게시물이 입소문을 낼만큼 좋은 콘텐츠인지가 가장 중요합니다. 아무리 친구가 많다고 하더라도 입소문을 낼만한 콘텐츠가 아니라면 한계가 있기 때문입니다. 지금부터 자신의 글을 폭발적으로 확산시킬 수 있는 방법을 알아보겠습니다.

2.1 태그를 활용한 글 공유로 확산시키기

태그는 내가 쓴 글이 친구의 타임라인에 등록되도록 만들어 친구의 방문객들에게 노출시키는 방법입니다.

내가 작성한 글의 사진을 클릭하여 해당 포스팅만 표시되면 [사진 태그] 버튼을 클릭합니다. 사진 위에서 마우스를 클릭하면 친구 이름이 나타나고 태그할 친구 이름을 선택할 수 있습니다. 사진 한 장당 태그는 160명까지 걸 수 있습니다. 태그가 걸린 게시글은 '좋아요' 및 '댓글'의 내용이 공유되고 알림도 함께 발송되기 때문에 친밀하고 친구 수가 많은 친구에게 하는 것이 좋습니다. 관련 이벤트 URL 주소를 태그하면 이벤트를 진행할 때도 효과적으로 활용할 수 있습니다.

2.2 질문하라. 그럼 반응할 것이다!

앞서 여러 번 이야기한 것처럼 페이스북에서 가장 중요한 것은 글쓰기입니다. 입소문과 참여를 유도하려면 어떻게 글을 써야 할까요? 가장 효과적인 방법은 질문과 함께 작은 이벤트를 준비하는 것입니다.

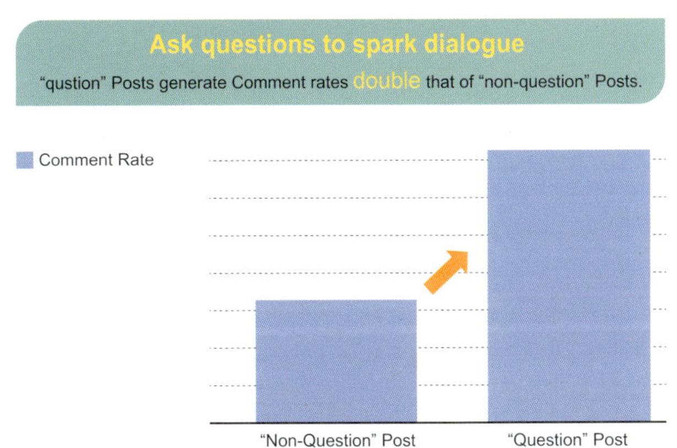

위 그림을 보면 사람들은 질문에 답변을 하려는 심리가 있기 때문에 글을 쓸 때 질문을 하면 일반적인 글보다 2배 이상의 댓글을 유도할 수 있다고 합니다. 이런 심리를 이용하여 이벤트나 중요한 글에서 질문을 던지면 더 많은 참여를 유도할 수 있습니다.

오른쪽 그림은 CGV에서 운영하는 페이스북 페이지입니다. 이곳에서는 콘텐츠를 작성할 때마다 질문과 함께 작은 이벤트를 진행하고 있습니다. 댓글로 예매 인증이나 후기 글을 남기면 선정을 통해 선물을 증정한다는 이벤트 글에 '좋아요' 5,343개, '댓글'이 1,087개, '공유'가 161개나 됩니다.

각 게시물 하단의 좋아요, 댓글, 공유 수를 유심히 살펴보면 같은 기간이라도 일반적인 글을 작성했을 때의 좋아요, 댓글, 공유 숫자는 질문으로 시작하는 게시물의 1/10 수준 밖에 안 되는 것을 확인할 수 있습니다.

오른쪽 그림은 비슷한 시기에 일반적인 글입니다. CGV에서 공유한 질문 대신에 일반적인 글을 작성했을 때의 '좋아요'는 679개, '댓글'은 5개, '공유'는 1개밖에 되지 않는 것을 확인할 수 있습니다.

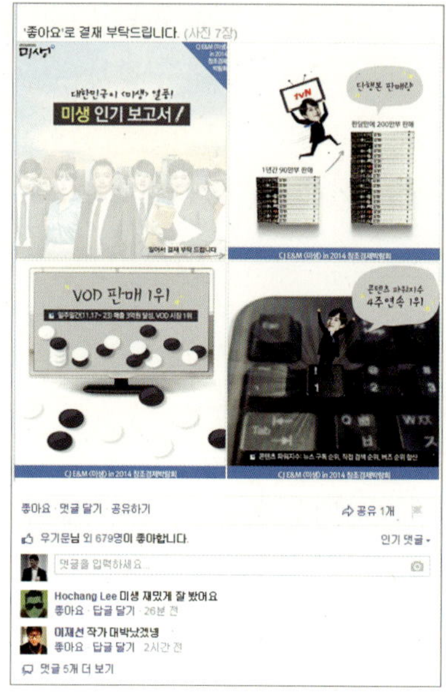

CGV는 질문으로 시작되는 콘텐츠 덕에 현재 112만 명이 넘는 팬 수를 확보하고 이를 기반으로 개봉작에는 더 많은 사람들의 참여를 유도하고 있습니다.

2.3 이벤트를 이용한 팬 수 늘리기와 공유로 입소문 내기

페이스북 팬 확보를 위해 가장 좋은 방법은 이벤트를 활성화시키는 것입니다. 이벤트는 많은 사람들이 쉽게 참여할 수 있도록 댓글 달기나 공유하기와 같은 간단한 방법으로 진행하는 것이 좋습니다. 다양한 혜택을 주면 더 많이 팬 수를 늘릴 수 있습니다. 오른쪽 그림은 많은 사람에게 혜택을 부여하는 이벤트이기 때문에 참여율과 공유 숫자가 높습니다.

2.4 명언 또는 공감대가 형성되는 이야기 공유

오른쪽 그림은 대학생들 간에 정보를 공유하는 목적의 페이스북입니다. 명언이나 시험이 끝나고 할 수 있는 게임 정보나 또래들끼리 공감대를 형성할 수 있는 글을 통해서 회원 수가 18만 명까지 늘어났습니다. 그림처럼 명언을 올려놓았을 때 '좋아요' 반응이 뜨겁게 올라가는 것을 확인할 수 있습니다.

또한 요즘 사람들의 관심사인 '해외직구'와 '블랙프라이데이'에 대한 글을 작성했을 때, 많은 '좋아요'와 '댓글' 그리고 '공유'가 일어나는 것을 확인할 수 있습니다.

2.5 동영상으로 팬 수 늘리기

동영상을 활용해 페이스북 마케팅에 성공한 사례로는 미국 최대 반도체 칩 생산 업체인 인텔의 'The Museum of Me'를 꼽을 수 있습니다.

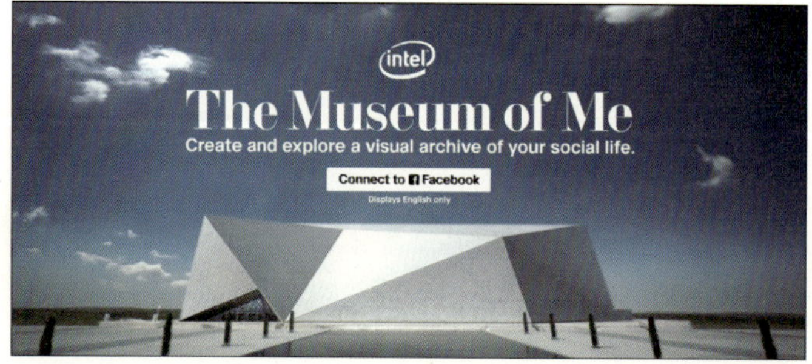

인텔은 'Connect to facebook' 메뉴를 이용해 캠페인 광고를 진행했습니다. 페이스북의 친구 정보, 좋아요 페이지의 내용들을 이용해 자신만의 동영상을 제작해 주는 마케팅으로, 만들어진 동영상은 자신의 페이스북 사진첩에 바로 올릴 수 있도록 했습니다.

동영상을 페이스북 마케팅에 활용한 인텔의 'The Museum of Me'는 해당 페이지에서 만들어볼 수 있습니다. 2015년 2월 기준 Youtube에서 612,266회의 조회 수를 기록하고 있습니다.

이 사례는 페이스북에서 마케팅 효과는 재미 요소를 가미한 공감이나 소통을 통한 관계 형성 과정을 어떤 형태로 이어나가느냐에 달려 있다는 사실을 알 수 있습니다. 이때 사람들은 글보다는 링크, 링크보다는 사진이나 동영상을 더 선호한다는 것을 아래 그림으로 확인할 수 있습니다.

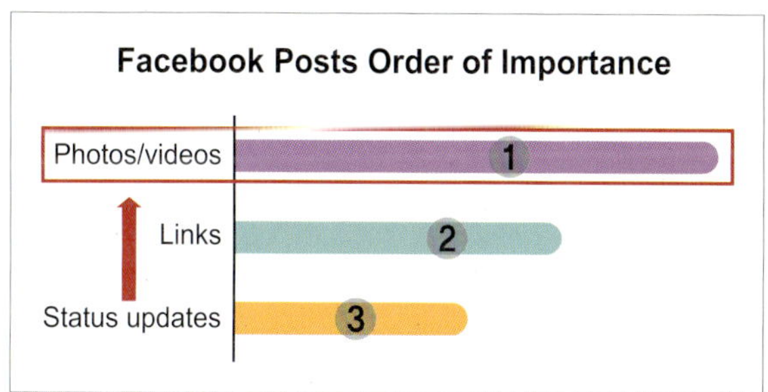

페이스북이 마케팅 수단으로써 활용될 수 있는 중요한 요소는 바로 관계 형성 마케팅을 수행할 수 있다는 점입니다. 때문에 일회성이 아닌 충성 팬을 확보하는 것이 가장 중요합니다. 제대로 소통하고, 공감을 나누는 팬들이라면 50% 이상이 충성 고객으로 이어질 수 있고, 각자가 알고 있는 다른 사람들에게도 페이지를 추천하거나 공유하게 됩니다.

❸ 인기 콘텐츠 **작성 비법**

페이스북에서 인기 콘텐츠는 굉장히 중요한 요소입니다. 인기 콘텐츠 하나가 페이스북의 운명을 바꾸는 일이 종종 일어나기 때문입니다. 그럼 실제로 팬 수를 늘렸던 사례를 토대로 사람들이 좋아하는 콘텐츠를 어떻게 작성해야 하는지 알아보겠습니다.

3.1 인기 콘텐츠 작성 규칙

2013년도 BUDDY.MEDIA REPORT의 페이스북 통계 자료에 따르면 글을 작성할 때 80자 이하로 작성하는 것이 그 이상 작성할 때보다 클릭률이 27% 더 높다고 합니다.

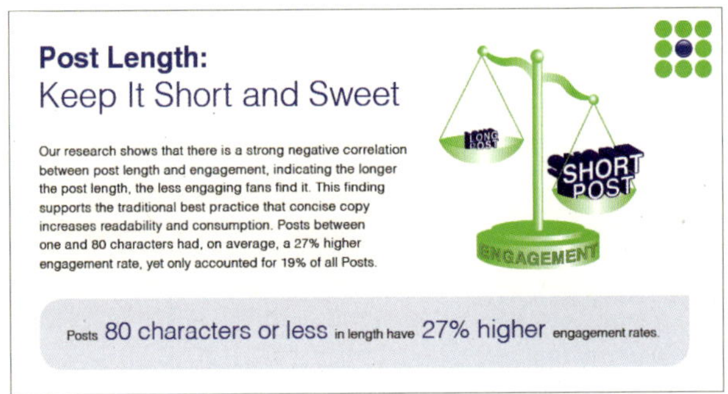

또한 링크를 걸 때 전체 주소보다는 짧게 줄여 쓴 링크의 클릭 수가 3배나 높았다는 통계 결과도 있습니다.

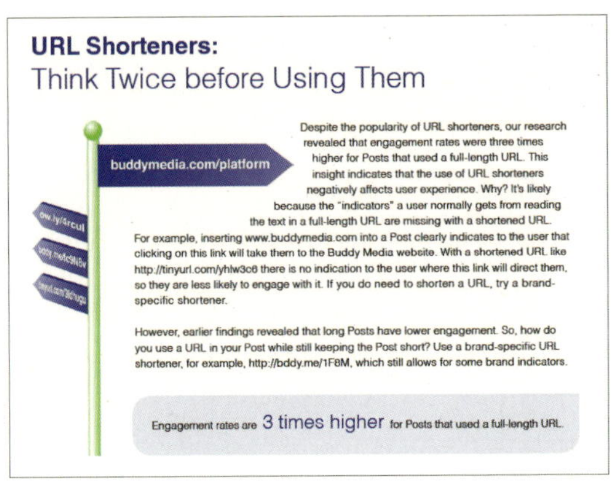

페이스북에서 회원이 반응하는 글을 조사한 결과 '사진 〉 동영상 〉 상태(글) 〉 링크 〉 음악 〉 체크인' 순으로 이루어진다고 합니다.

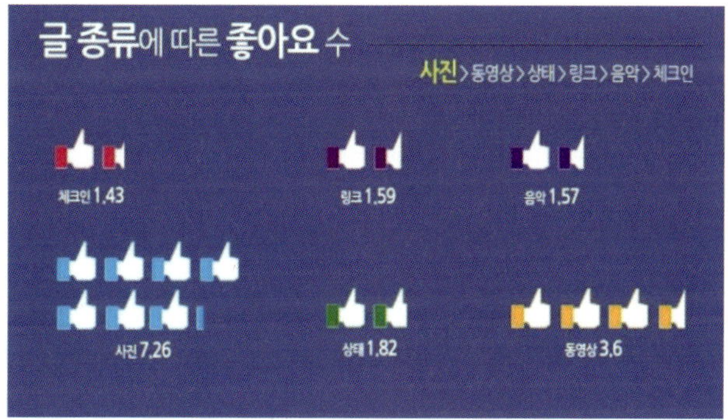

요일별로는 '목요일 〉 금요일 〉 일요일' 순으로 페이스북을 이용하고 있습니다. 이 요일들은 다른 요일들보다 대략 18% 이상 높은 클릭률을 나타냅니다.

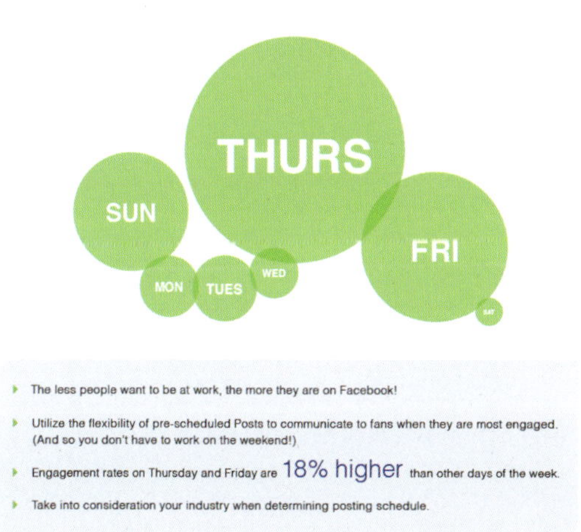

또한 1주일에 5회 이상 상업적인 글을 작성하면 클릭률이 현저하게 떨어지는 것도 확인할 수 있습니다. 일주일에 1회에서 4회 정도 글을 작성하면 5회 이상보다 71%나 높은 클릭률을 유지할 수 있었습니다.

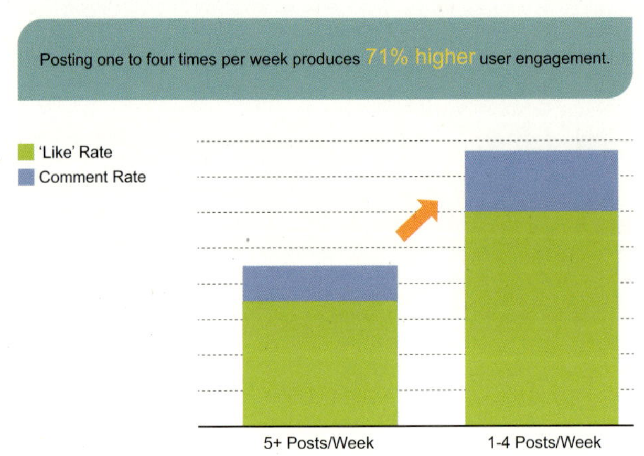

3.2 사람들이 반응하는 콘텐츠 구조 만들기

지금까지의 조사 결과를 토대로 사람들이 가장 많이 반응하는 글쓰기 구조를 정리하면 다음과 같습니다.

구분	좋은 예	좋지 않은 예
글 내용	프라이드 치킨이 왜 좋을까요? 오후에 올리브유를 교체했습니다. 신선한 기름에서 갓 튀긴 프라이드 치킨은 정말 맛있습니다.	오늘 올리브유를 교체하고 치킨을 튀겼습니다. 깨끗한 맛의 프라이드 치킨이 정말 맛이 있습니다. 치킨의 맛은 튀기는 오일에 있는데 오늘은 정기적으로 오일을 교체하는 날입니다. 물론 올리브오일은 일반오일과 달라서 산화가 적게 되는 편입니다. 원가는 다른 오일보다 10배 이상 높지만 건강을 위해서 고집하고 있습니다.
링크	치킨을 튀기는 현장 한 번 보세요 http://bit.ly/1fe0ZCL	치킨을 튀기는 현장 한 번 보세요 http://blog.naver.com/loveautoshop/50187583663
이미지		첨부 이미지 없음

❹ 효과적인 마케팅을 위한 **팁**

누누히 강조한 것처럼 SNS 마케팅의 매력은 친구들의 도움을 통해서 글을 빠르게 확산시킬 수 있다는 것입니다. 작성한 글이 쉽게 확산될 수 있도록 도와주는 다양한 방법을 활용하면 이벤트나 이미지를 널리 퍼뜨리는 데 큰 효과를 거둘 수 있습니다.

4.1 링크 주소 짧게 줄이기

긴 주소보다는 짧은 주소가 페이스북에서의 클릭률을 3배 이상 높여 줍니다. 그러므로 링크를 걸 때는 반드시 주소를 줄여야 합니다. 긴 주소를 짧은 주소로 변경하기 위해서는 'goo.gl'과 같은 사이트를 활용하면 됩니다.

'goo.gl'로 이동하면 화면 중간에 'Paste your long URL here'이라는 문구가 보이는데 이 문구 아래 빈칸에 전체 URL 주소를 입력합니다.

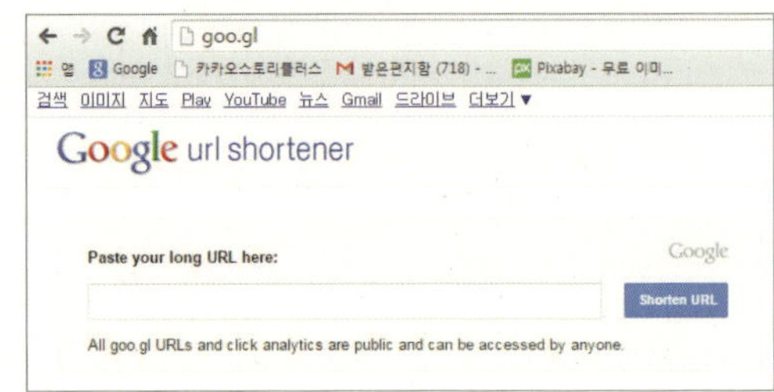

여기서는 블로그 링크 주소를 활용하기 위해서 블로그 포스팅 주소를 입력해 봤습니다. 블로그 주소인 'http://blog.naver.com/loveautoshop/220227229525'를

입력하고 [Shorten URL] 버튼을 클릭하면 짧은 주소로 변환됩니다.

블로그 포스팅의 긴 주소가 간단하게 'http://goo.gl/PM6jJT'로 변환되었습니다. 이처럼 많은 클릭을 유도하기 위해서는 반드시 주소 길이를 변환한 후 링크를 걸어야 합니다.

4.2 해시 태그를 이용한 글의 확산

해시 태그(Hash tag)는 트위터에서 발달된 기능으로 일명 '모아보기' 기능입니다. '#단어'와 같은 형식으로 글을 작성한 후 '#단어'를 클릭하면 해당 글이 들어가 있는 내용을 한꺼번에 모아서 보여 줍니다. 해시 태그는 여러 개를 한꺼번에 쓸 수도 있습니다.

페이스북에서는 검색창에 '#단어'를 입력하고 검색하면 해당 해시 태그가 들어가 있는 글들이 그림과 같이 목록으로 표시됩니다. 이 기능은 자신을 비롯하여 관심이 있는 사람들의 글을 확인하거나 정보를 찾을 때 자주 활용됩니다.

해시 태그를 추가하려면 페이스북에 글을 작성한 후 글 하단의 검색어 앞에 '#' 기호를 붙인 형태로 작성하면 됩니다.

해시 태그는 사용자가 검색하거나 클릭하면 사용자와 가장 관련성이 높은(친구들의 게시물이나 가장 최근 팔로우된 것 등) 태그를 포함한 게시물들을 보여주게 됩니다. 따라서 해시태그를 통해 특정 검색어나 주제에 대한 전체적인 흐름을 쉽게 알 수 있습니다. 특히 전 세계적으로 가장 인기 있는 해시 태그라면 글로벌한 마케팅 효과도 얻을 수 있으므로 가능하면 영문 태그도 같이 입력하는 것이 좋습니다.

4.3 그룹 이용해 글 확산시키기

페이스북에서는 상황에 따라 친구들을 그룹으로 분류해 관리할 수 있습니다. 예를 들면 거래처 그룹, 단골 고객 그룹, 친한 친구 그룹, 일반 친구 그룹, 자신이 판매하는 제품을 선호하는 사람들의 그룹 등으로 구분하여 관리할 수 있습니다. 뿐만 아니라 자신의 전문 정보를 서로 공유할 수 있는 그룹을 만들어 의견을 주고받을 수 있으며, 이벤트를 통해서 제품을 판매할 수도 있습니다.

페이스북 개인 프로필에서 작성한 글을 자신이 만든 그룹 멤버와 공유하면 한꺼번에 모든 멤버와 공유할 수 있으므로 더 빠르게 글을 확산시킬 수 있습니다.

지금부터 개인 프로필에서 작성한 글을 그룹에 공유하는 방법을 알아보겠습니다. 개인 프로필에서 공유하고 싶은 글 하단에 '공유하기'를 클릭합니다.

팝업창이 나타나면 공유할 목록 중 '그룹'을
선택합니다.

자신이 가입돼 있거나 운영하고 있는 그룹
리스트가 나타나면 원하는 그룹을 선택하고
하단의 [상태 공유하기] 버튼을 클릭합니다.

해당 그룹으로 이동해 보면 그룹 멤버 전체에게 글이 공유되어 있는 것을 확인할 수 있습니다. 이런 방법으로 여러 개의 그룹에 가입한 후 글을 공유하면 순식간에 많은 글을 확산시킬 수 있습니다.

⑤ 이벤트 활성화 비법

기업에서 SNS를 하는 가장 큰 이유는 이벤트를 진행해 팬 수나 이웃을 늘리면서 자신의 상품을 홍보하기 위해서입니다. SNS에서의 이벤트는 실시간으로 상품에 대한 반응을 얻을 수 있기 때문에 기업에서 가장 선호하는 마케팅 수단입니다.

5.1 페이스북 이벤트 활성화하기

페이스북에서 이벤트를 활성화하기 위해서는 자신의 상품과는 별개로 팬 수를 확보해야 합니다. 페이스북에서 상품과 관련 있는 사람들에게만 이벤트를 진행하다보면 원래 목적인 활성화는 되지 않고 자금과 인력만 낭비하는 경우가 많습니다.

다음과 같이 한 음식점에서 이벤트를 개설
하고 페이스북 페이지를 활성화시키기 위해
노력하고 있다고 가정해 봅시다. 개설 초반
에는 '좋아요' 72개, '댓글' 7개, '공유' 1개로
관심이 저조한 상황입니다.

이번에는 방법을 바꿔 간접광고(PPL)
를 이용해 자신의 상품과는 관련 없
는 내용의 글을 올리고 캠페인(유료
광고)을 진행했습니다.
반응은 '좋아요'가 31,104개, '댓글'이
16,475개, '공유'가 1,202개나 되었습
니다. 그 후 다시 한 번 자신의 상품
을 토대로 이벤트를 올려 봤습니다.
'좋아요' 276개, '댓글' 43개, '공유'

146개라는 놀라운 반응을 얻을 수 있었습니다.
이처럼 페이스북 페이지의 활성화는 얼마나 많은 팬 수를 확보하느냐에 달려있습니다.
흔히 자신의 상품과 관련된 사람들을 팬으로 확보해야만 매출로 연결될 수 있을 것이라
생각하고 있지만 위의 예에서 보듯이 제품과는 관련 없는 내용으로 팬 수를 늘린 다음
자신의 제품을 올리면 반응도가 훨씬 높게 나타납니다.

따라서 글을 작성할 때는 노골적으로 제품을 홍보하는 것보다는 사람들이 좋아하는 글 귀나 내용으로 반응을 유도한 후 간접적으로 제품을 노출하는 것이 좋습니다. 많은 사용 자들이 공유하고 글이 확산되면서 자연스럽게 제품을 홍보할 수 있습니다.

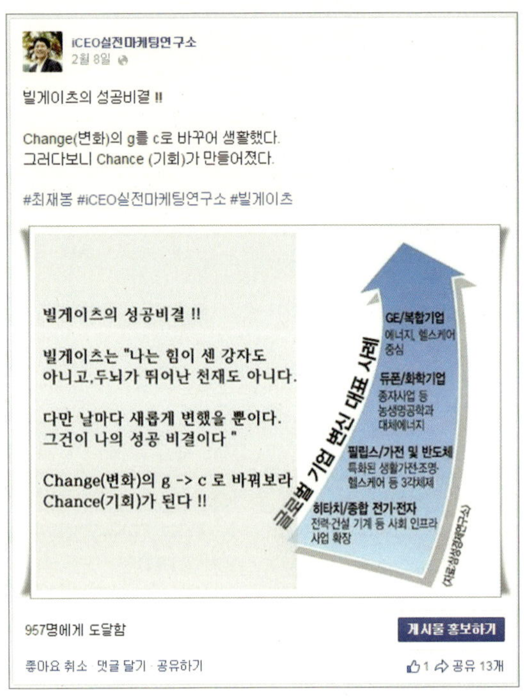

또한, 이벤트는 좀 더 분석적인 데이터를 근거로 진행하는 것이 좋습니다. 사람들이 가장 좋아하는 문구와 시간대를 분석한 후 접근하면 같은 시간과 비용을 투자해 더 높은 효과 를 얻을 수 있기 때문입니다. 상업적인 포스팅을 할 때 가장 효과적인 요일이 수요일이라 면, 금요일에는 상업적인 글보다는 이벤트 같은 글이 훨씬 효과적입니다.

다음 그림은 이벤트 제목을 정할 때 반응하는 단어에 대한 통계입니다. 보통 마케팅을 할 때 Sale(세일)이라는 단어를 많이 사용하지만, 소비자는 −28%의 반응을 보이고 있습니다. 대신 Discount(할인), 쿠폰, OFF 등의 단어는 클릭률이 높은 것을 알 수 있습니다.

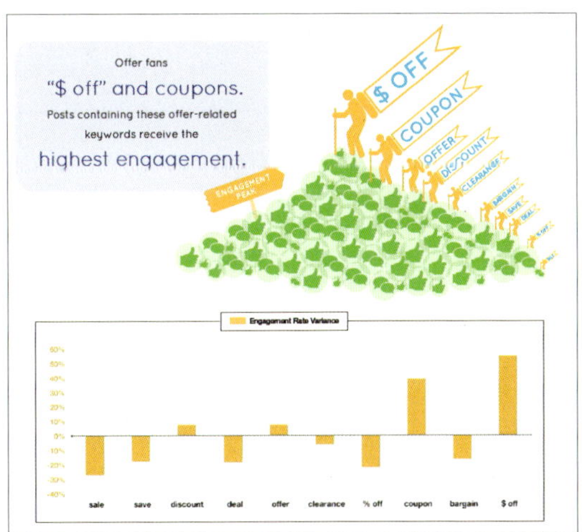

그렇다면 이벤트 제목에서 '30% 할인'이라는 단어와 '3,000원 할인'이라는 단어 중 어느 것을 더 많이 클릭할까요? '3,000원 할인'이라는 단어의 클릭률이 2배 이상 높습니다. 퍼센트(%)를 사용할 경우 사람들은 복잡하다는 느낌을 받게 됩니다. 반대로 '3,000

원'과 같이 직접적인 금액을 제시하면 계산이 쉽기 때문에 즉각적인 반응을 유도할 수 있습니다.

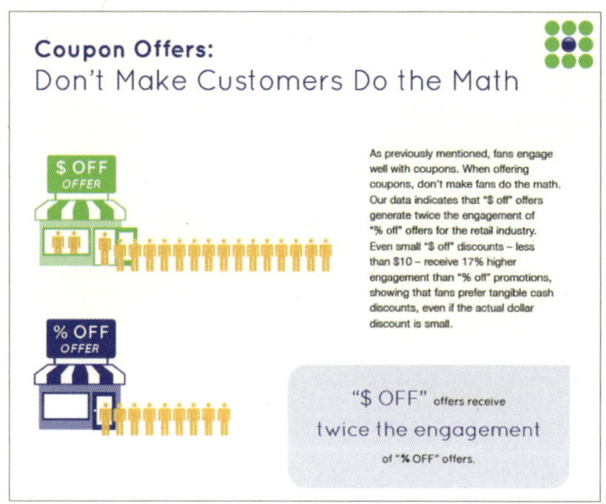

마지막으로 이벤트의 글은 짧게 하고, 혜택은 작은 것이라도 주기적으로 제공하는 것이 좋습니다. SNS의 특성상 짧은 시간에 반응을 유도해야 마케팅 효과를 얻을 수 있으므로 80자 이내로 짧게 작성하고, 작은 선물을 주기적으로 제공하면 꾸준한 참여를 유도할 수 있습니다. 또한 댓글을 많이 유도하려면 CGV의 사례에서 본 것처럼 질문을 포함한 이벤트 글을 작성하는 것이 효과적입니다.

❻ 링크드인을 활용해 **해외로 상품 수출하기**

링크드인은 구직자들을 위한 취업 사이트로 출발했습니다. 하지만 규모가 커지면서 비즈니스 인맥 형성과 정보 교류, 구인·구직뿐만 아니라 바이어 인맥을 형성하는 세계 최대 비즈니스 소셜 네트워크로 성장하게 되었습니다.

현재 링크드인에는 2억 명 이상의 가입자와 200만 개 이상의 기업 프로필이 등록되어 있으며, 매주 100만 명 이상의 신규 가입자가 늘어나고 있습니다. 또한 미국의 유명한 경제잡지 FORTUNE지가 선정한 500대 기업의 모든 임원진들이 링크드인에 가입되어 있습니다. 실제 링크드인의 가입자들 중 40%는 MANAGER급 이상인 것으로 알려져 있습니다.

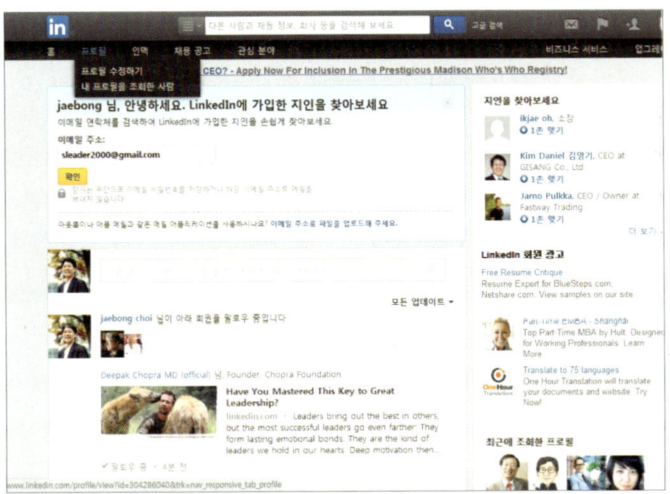

6.1 링크드인 가입하기

링크드인은 취업 사이트로 출발했기 때문에 가입을 위한 프로필도 기업에서 필요로 하는 정보로 구성되어 있습니다. 따라서 프로필을 충실하게 작성하면 구인을 하고 있는 회사나 관련 바이어로부터 연락이 올 수 있습니다.

링크드인은 이름, 이메일, 비밀번호만 입력하면 바로 가입이 가능하며, 추가로 전화번호나 경력 사항, 학력 사항, 보유 기술 그리고 자신의 장점을 최대한 부각시켜야 합니다. 그리고 글로벌 확산을 위해서는 영어와 한글, 두 가지 버전으로 작성해 두는 것이 좋습니다.

링크드인에서는 구직을 원하는 사람들이 유료 서비스를 통해 보다 많은 사람들에게 자신을 알릴 수 있는 채널도 제공합니다.

6.2 링크드인에서 1촌 맺기

링크드인 오른쪽 상단 메뉴에서 '사
람 기호'를 클릭하여 이메일을 선택
하면, 해당 이메일에 등록된 친구들
에게 링크드인 1촌 맺기 메일을 발송
할 수 있습니다.

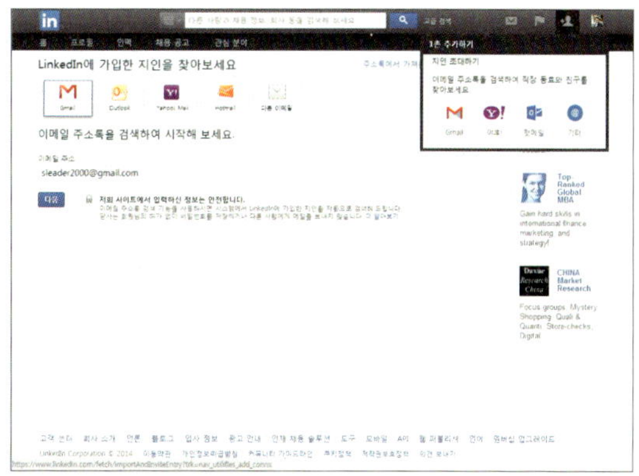

이메일에 가입되어 있는 사람들의 목
록이 표시됩니다. 1촌을 요청하고 싶
은 사람들을 선택하고 [1촌 맺기] 버
튼을 클릭하면 곧바로 이메일로 전송
됩니다.

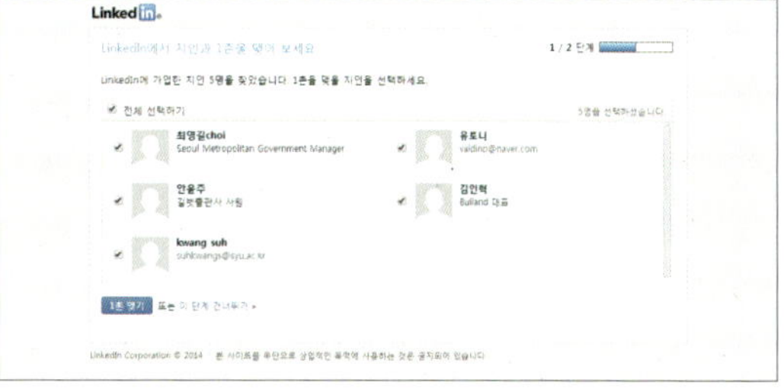

1촌 조대 메일을 발송한 후에 발송 내
역을 확인할 수 있습니다.

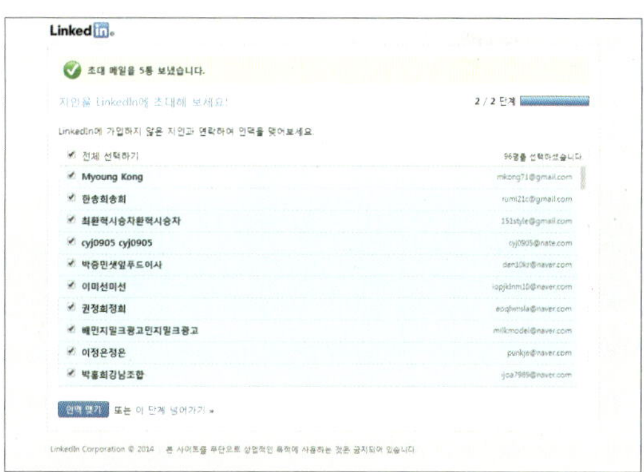

링크드인에서는 자신의 제품과 연관 있는 그룹을 선택해 가입할 수 있습니다. 링크드인 그룹에서는 정보를 얻을 수 있을 뿐만 아니라 바이어를 만날 수 있는 기회도 가질 수 있습니다.

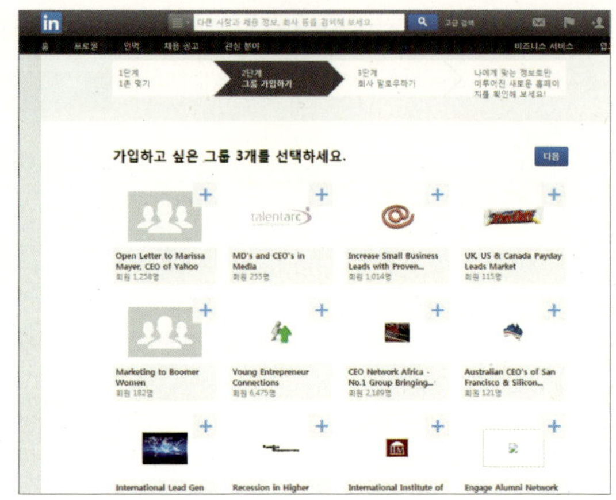

다음 그림과 같이 정보를 받아보고 싶은 회사를 선택하면 회사와 관련된 정보를 꾸준하게 받아볼 수 있습니다. 구직을 원하는 사람이라면 수시로 채용 정보를 받아볼 수 있기 때문에 꼭 필요한 기능입니다.

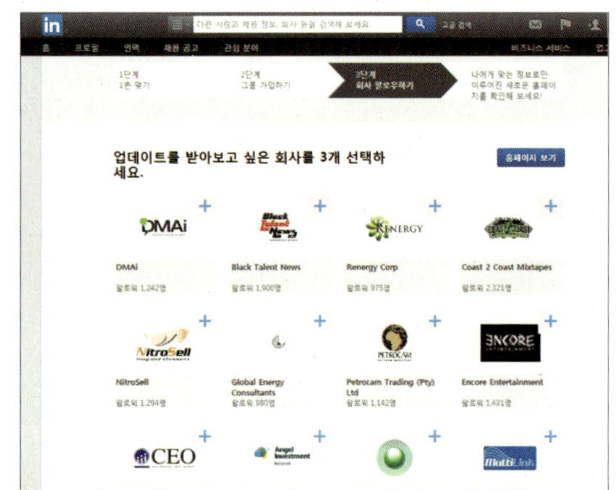

6.3 타깃 그룹 가입으로 바이어 발굴하기

링크드인은 바이어와 쉽게 인맥을 맺을 수 있도록 다양한 기능을 제공합니다. 그중 하나가 그룹 가입입니다. 그룹에 가입해 열심히 활동하다 보면 새로운 사람들이 찾아오게 되는데, 이를 통해 바이어를 만날 수도 있습니다.

지금부터 그룹 가입에 대해 알아보겠습니다. 우선 자신이 판매하고 싶은 제품이나 들어가고 싶은 회사의 사람들이 활동하는 그룹을 찾아봅니다. 상단의 검색 창 메뉴에서 그룹을 선택하고, 제품명이나 분야를 입력한 뒤 [검색] 버튼을 클릭합니다.

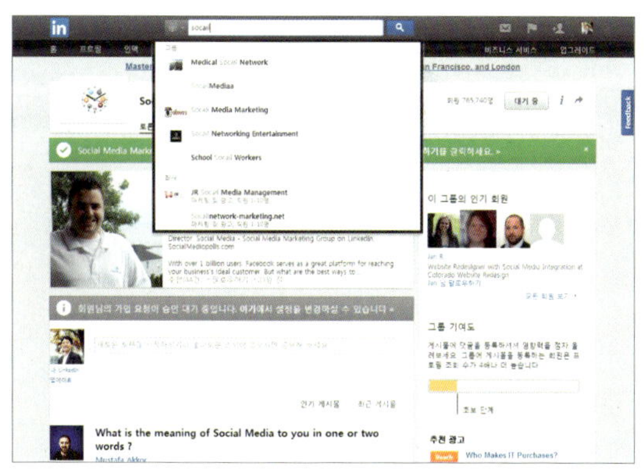

보통 링크드인 사용자는 영어권에 많고, 바이어들도 영어를 주로 사용하기 때문에 영어로 검색을 하는 것이 좋습니다. 'social'이라고 검색하면 이에 해당하는 그룹 리스트가 나타납니다.

여기서는 Used car와 관련된 바이어를 찾기 위해 'used'를 입력하고, 하단에 표시되는 'used car news'라는 그룹을 선택하겠습니다.

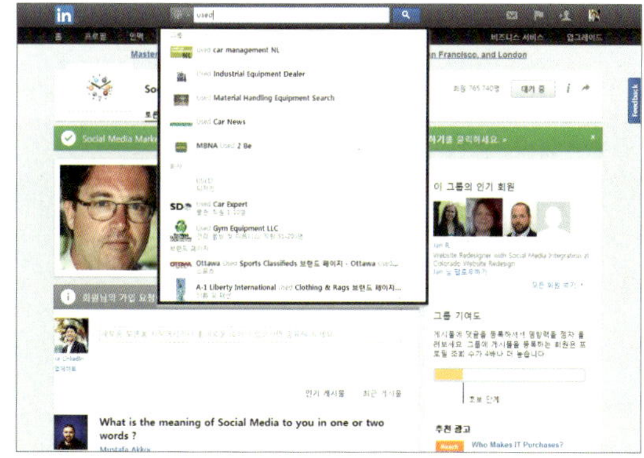

[가입하기] 버튼을 클릭하면 개설자
의 허락이 필요한 그룹도 있고, 별도
의 절차 없이 바로 가입되는 그룹도
있습니다. 그룹 페이지 화면 중간에
'그룹 기여도'라는 것이 있는데, 게시
물에 댓글을 등록하면 그룹 기여도가
높아지게 됩니다.

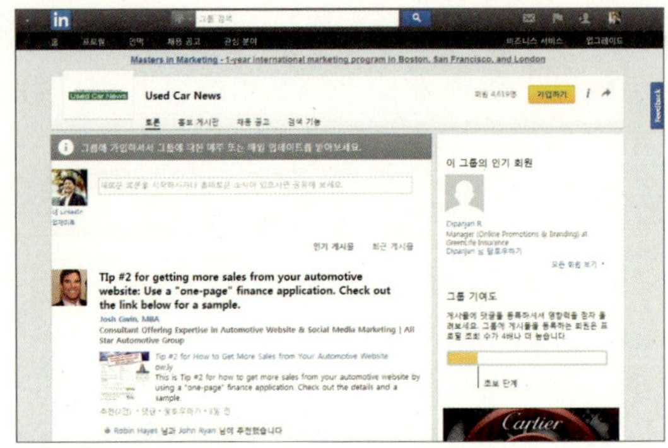

링크드인 그룹에서는 멤버 중에서 자
신의 제품과 관계있는 사람을 찾아
관계망을 형성해 주는 기능도 제공합
니다. 링크드인 그룹 화면에서 '검색
기능'을 선택하면, 그룹 멤버의 목록
이 나타나고 자신과 관련 있는 사람
에게 메일을 보낼 수도 있습니다. '메
일 보내기'를 통해 자신을 소개한 후
'1촌 맺기'를 하면 서로 정보를 주고
받을 수 있게 됩니다.

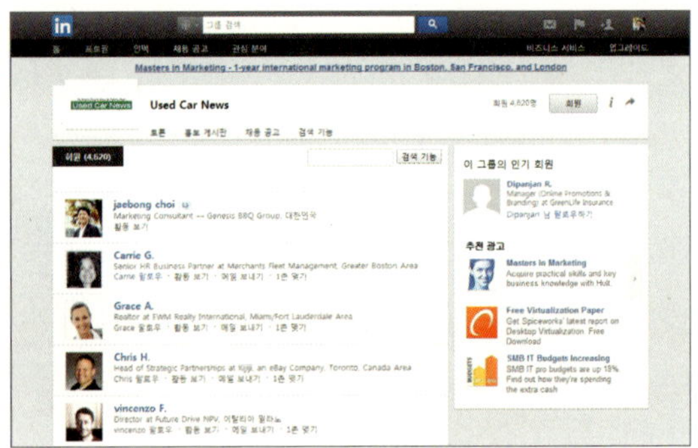

6.4 회사 페이지를 만들어 바이어 유치하기

링크드인에서는 회사와 제품을 소개하는 페이지를 만들어 홍보할 수 있는 기능도 제공
합니다. 바이어에게 자신의 회사 페이지를 보여주면 쉽게 정보를 공유할 수 있고 자연스
럽게 홍보도 가능합니다.

링크드인 상단 메뉴의 '관심 분야' 항목에서 회사를 선택하면 화면 오른쪽에 [새로 만들기] 버튼이 나타납니다.

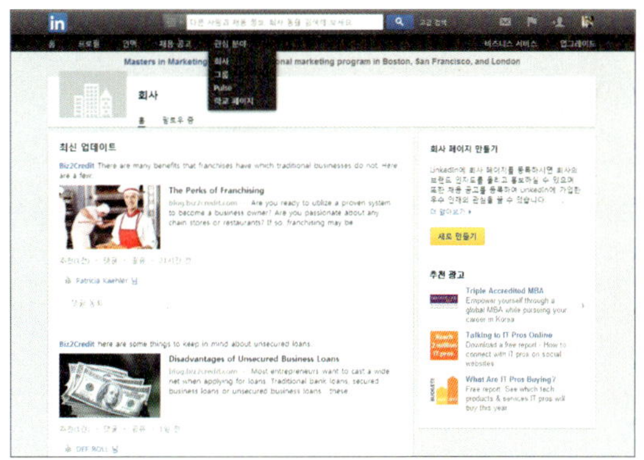

회사 페이지를 만들 때에는 회사명과 회사 이메일만 있으면 됩니다. 단, 네이버 메일과 같이 포털 사이트 메일은 사용할 수 없으니 주의합니다.

회사 페이지에서는 메뉴를 통해 '홈', '입사정보', '제품'에 대한 정보를 올릴 수 있어 제품 홍보나 구인 정보를 알리는 데 활용할 수 있습니다.

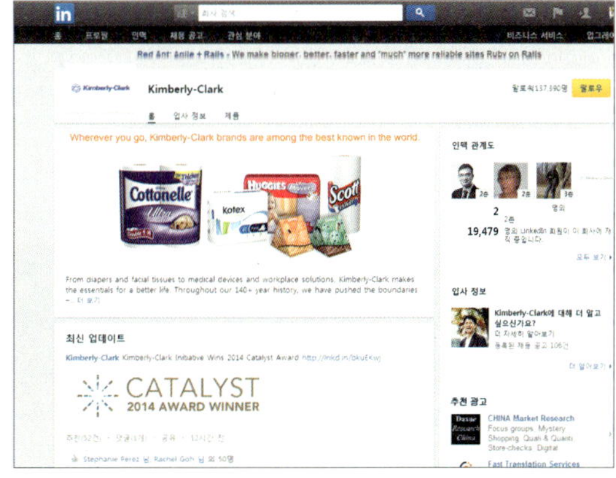

이와 같이 링크드인은 전 세계를 대상으로 바이어를 만나고 구인·구직까지 할 수 있는 기능을 제공하고 있어 다양한 성공 사례가 있습니다. 중소기업의 경우 바이어를 쉽게 찾아낼 수 있는 기능을 갖춘 링크드인을 적극 활용한다면 많은 도움을 받을 수 있을 것입니다.

SNS 마케팅 성공 사례

TV 광고와 SNS 마케팅을 통해
매출 1,400% 증가하다!

'BBQ치킨'하면 생각나는 것이 바로 '올리브유로 튀긴 황금올리브치킨'입니다. 매출 비중도 다른 메뉴보다 절대적이라고 합니다. 초창기에는 'BBQ'하면 '황금올리브치킨'이라는 등식으로 매출을 끌어 올렸지만 안정기에 접어들게 되면 다양한 대표 메뉴가 있어야 지속적으로 매출을 올릴 수 있습니다.

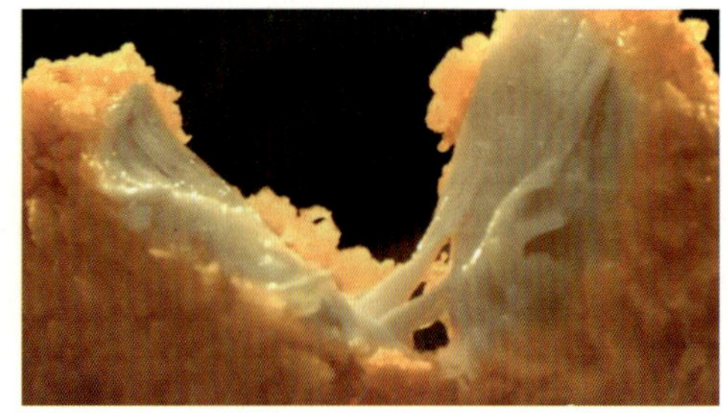

초기에는 광고를 통해 브랜드를 알리는 것에 초점을 두었고 이 전략으로 치킨하면 BBQ라는 입지를 확보하는 데 성공하였습니다(현재도 가장 선호하는 치킨 브랜드 1위를 차지하고 있습니다). 하지만 이런 광고는 조금 경직된 구성이기 때문에 인터넷상에서 입소문을 끌어내기에는 한계가 있었습니다.

이런 문제를 해결하고자 BBQ는 바이럴과 SNS 마케팅을 고려한 광고를 구성하게 됩니다. 최근 가장 핫한 배우인 류승룡을 모델로 내세워 전략 메뉴인 '빠리치킨'과 '자메이카 통다리구이'를 중심으로 광고를 한 것입니다. 스토리 또한 BBQ라는 브랜드를 내세우기 보다는 메뉴의 장점을 코믹하게 구성하여, TV와 함께 SNS 채널인 페이스북과 카카오스토리 그리고 유투브, 블로그 등을 통해서 대대적인 넷소문을 내기 시작했습니다.

페이스북과 카카오스토리 플러스에서는 빠리치킨이나 통다리구이와 관련된 이벤트를 진행하였고 블로그에 네티즌들이 시식 후기를 올리면서 넷소문은 가속화되었습니다.

다음 그림은 자메이카 통다리구이와 관련된 이벤트로, 페이스북 회원들의 참여와 넷소문을 유도하였습니다. 이 이벤트에는 '좋아요' 100개, '댓글' 88개, '공유' 15개의 반응이 나타났습니다.

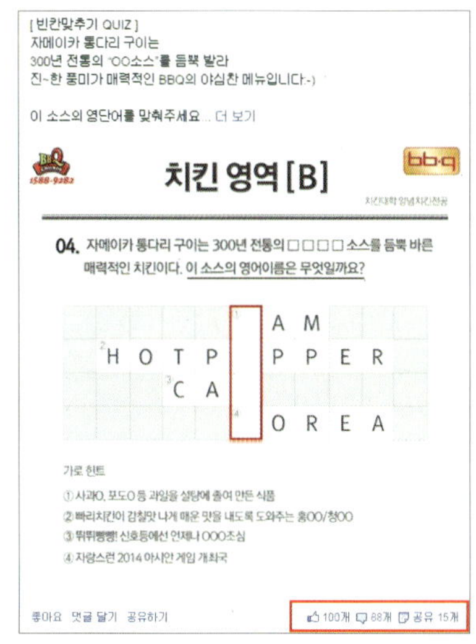

많은 사람들이 참여하고 소문을 낸 결과, 유튜브에서 10일 만에 조회 수가 1,000,000건이 넘었고, 온라인에서 빠리치킨과 통다리구이의 주문이 전월 대비 각각 900%, 500% 증가하는 놀라운 결과가 나타났습니다.

수시로 많은 광고와 제품들이 쏟아져 나오는 상황에서 소비자가 광고를 보고 구매를 할 확률은 점점 줄어들고 있습니다. 소비자의 입장에서 무엇이 좋은지 딱히 구분할 수 없기 때문입니다. 하지만 바이럴과 SNS는 각 개인에게 상품을 어필할 수 있는 좋은 마케팅 도구입니다. 그동안의 기업 광고가 단방향성으로 정보 전달에 치중했다면, SNS는 다양한 이벤트와 정보를 제공하여 사용자의 참여도를 높이므로 매출 증대에 기여할 수 있습니다.

facebook & KakaoStory MARKETING

07

카카오스토리 마케팅
실전 비법

카카오스토리는 기존 고객을 관리해서 그 친구의 친구에게까지 소문을 내는 방식으로 마케팅을 전개할 수 있습니다. "입소문이 가장 좋은 마케팅"이라는 말처럼 카카오스토리는 친구들에게 실시간으로 소문을 낼 수 있는 가장 좋은 도구입니다. 이번 장에서는 소식받기 수를 늘리는 방법과 입소문을 확산시킬 수 있는 방법을 알아봅니다.

# 카카오스토리 마케팅 실전 비법

카카오스토리는 신규 고객을 늘리기보다는 기존 고객에 대한 관리를 강화하여 재구매율을 높이고, 상품의 품질에 따라 입소문을 내어 신규 고객을 창출하는 전형적인 SNS 마케팅 도구입니다. 이번 장에서는 카카오스토리를 활용해 고객을 관리하고 매출을 높이는 실전 비법에 대해 알아보겠습니다.

❶ 카카오톡 친구 늘리기 비법

카카오스토리는 카카오톡을 기반으로 하기 때문에 카카오스토리를 활성화하기 위해서는 먼저 카카오톡 친구가 많아야 합니다. 지금부터 카카오톡 친구를 늘릴 수 있는 방법에 대해 알아보겠습니다.

1.1 블로그로 카카오톡 친구 늘리기

먼저 블로그 위젯을 통해 카카오톡 친구를 늘리는 방법을 알아보겠습니다. 블로그는 신규 고객을 유입시킬 수 있는 좋은 마케팅 도구이므로 블로그 방문 고객을 카카오톡으로 유입시킨다면 신규 고객을 더 많이 확보할 수 있습니다.

블로그를 방문한 고객이 전화번호를 보고 직접 전화하여 문의하는 것은 부담스러운 일이므로 많은 사업자들이 카카오톡을 활용하여 상담을 유도하고 있습니다.

블로그 메뉴바 오른쪽 상단의 '메모'를 클릭합니다.

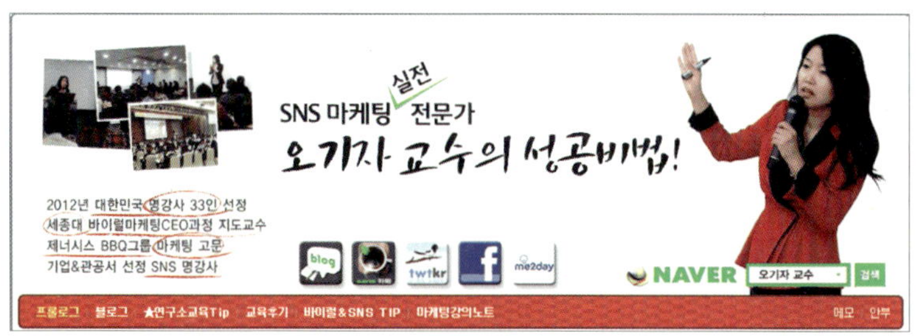

[글쓰기] 버튼을 클릭하여 메모 제목을 '카톡위젯'으로 입력하고, 하면 왼쪽 상단이 '사
진' 아이콘을 선택해 설치할 카카오톡 위젯 이미지를 불러옵니다. 이때 이미지의 크기는
가로 '170px', 세로 '600px'로 하여 미리 만들어 둡니다.

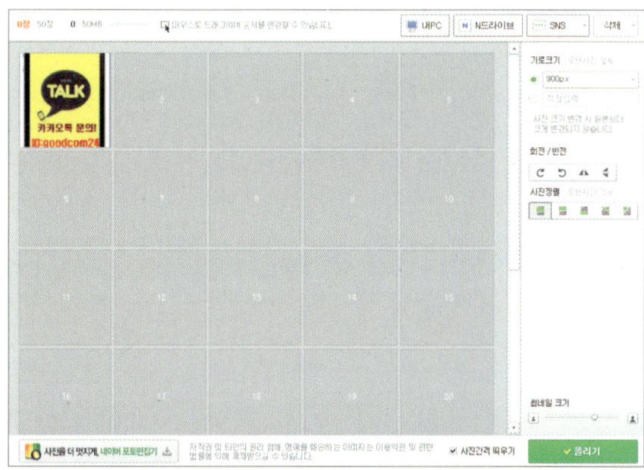

글쓰기 창 오른쪽 하단의 'HTML' 탭을 클릭하면 그림과 같이 설치할 위젯 코드가 표시됩니다. 표시된 전체 코드를 영역 지정하여 복사합니다.

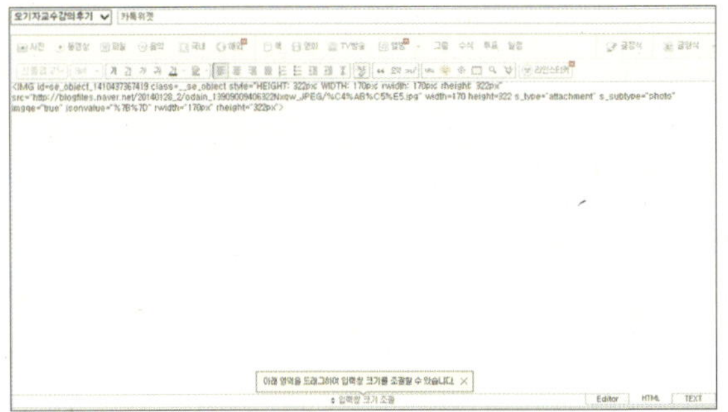

비공개로 설정한 후 글쓰기를 완료하고 블로그 첫 화면으로 돌아와 프로필 영역 하단의 '관리'를 클릭합니다.

'관리 〉 꾸미기 설정 〉 레이아웃·위젯 설정'을 선택합니다.

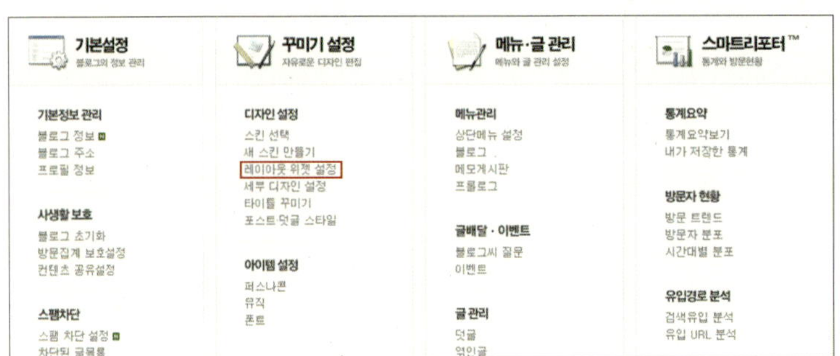

화면 오른쪽 하단의 [+위젯직접등록 BETA] 버튼을 클릭합니다.

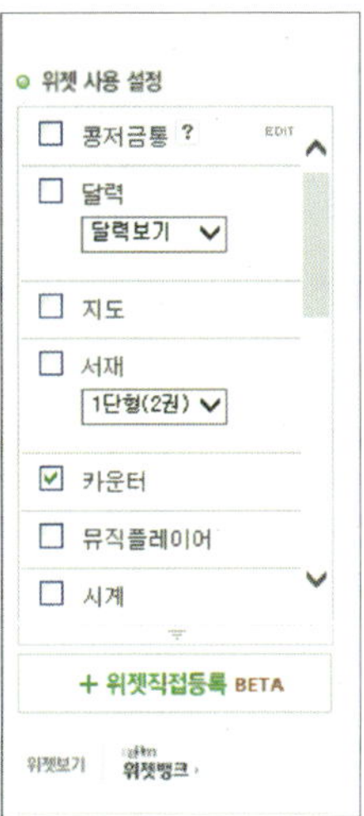

위젯명을 '카톡위젯'으로 설정하고 '위젯코드입력' 부분에 복사한 카카 오톡 위젯 코드를 붙여 넣은 후 [다음] 버튼을 클릭합니다.

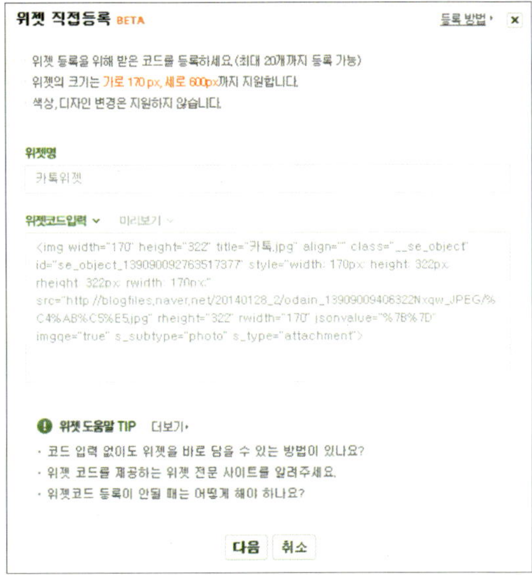

'미리보기'에서 위젯 이미지가 제대로 표시되는지 확인하고 [등록] 버튼을 클릭합니다. 등록된 위젯의 위치를 설정한 후 [적용] 버튼을 클릭합니다.

블로그에 카카오톡 위젯이 제대로 설치되었는지 확인합니다.

1.2 주소록으로 카카오톡 친구 추가하기

이번에는 외부에 저장되어 있는 고객 정보를 네이버 주소록으로 불러와 카카오톡 친구로 추가하는 방법을 알아보겠습니다. 여기서는 구글 주소록의 목록을 활용하는 방법을 살펴보겠습니다.

네이버 주소록 화면 왼쪽 하단의 '외부연락처 불러오기' 메뉴를 클릭하고, '외부연락처 불러오기' 탭을 선택하여 '구글(G메일+구글앱스)'을 선택합니다. 아이디와 비밀번호를 입력하면 구글에서 관리하는 데이터를 모두 불러올 수 있습니다. 현재 네이버 주소록에 연락처가 있으면 '중복'이라고 표시되고, 그 외에는 신규로 입력됩니다.

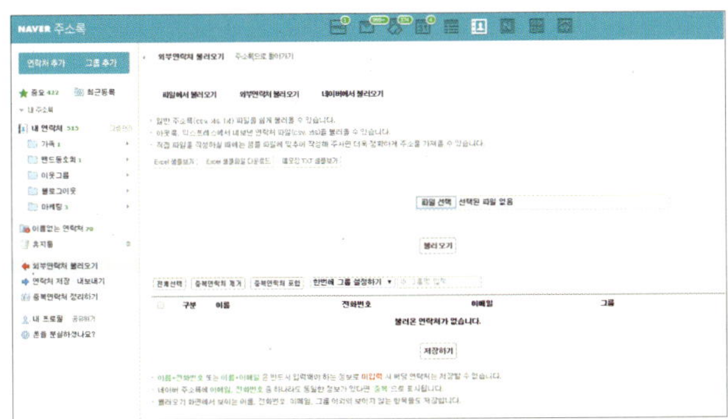

네이버 주소록으로 불러온 구글 고객 정보를 카카오톡으로 저장해 보겠습니다. 카카오톡은 스마트폰의 주소록에 새로운 번호가 등록되면 자동으로 연동되도록 설정되어 있습니다. 따라서 네이버 주소록과 스마트폰의 연락처가 동기화되면 자동으로 카카오톡 목록에 나타납니다.

안드로이드폰에서는 'Play 스토어', 아이폰에서는 'App Store'에 접속해 '네이버 주소록'이라고 검색하여 주소록 애플리케이션을 다운로드하여 설치합니다.

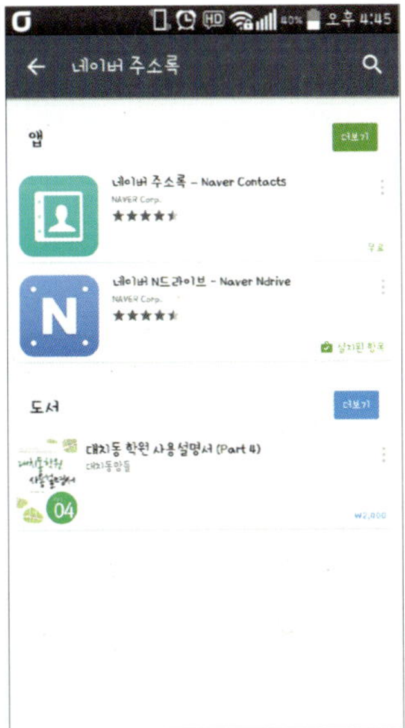

애플리케이션을 실행하면 사용할 주소록 모드를 선택할 수 있습니다. 네이버에서 주소록을 입력하거나 스마트폰에서 주소록을 입력하면 양쪽에서 실시간 동기화가 이루어져 카카오톡과도 연계될 수 있도록 '실시간 동기화 모드'를 선택합니다.

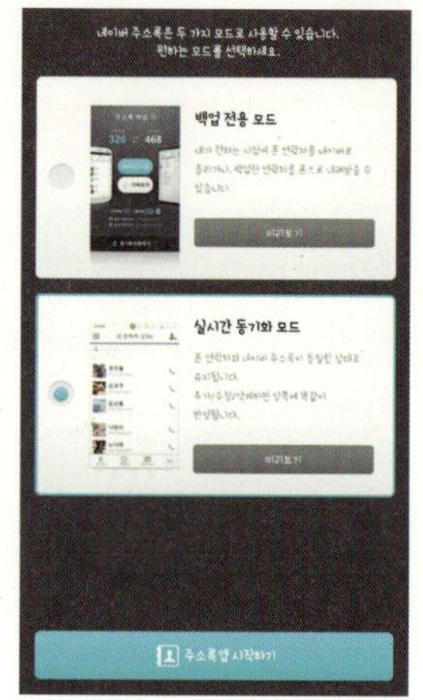

주소록을 어느 것과 동기화시킬 것인지 선택하는 화면이 나타나면 '휴대폰'을 선택합니다.

❷ 카카오스토리에서 **글 확산시키는 비법**

카카오톡 친구라 하더라도 카카오스토리에서는 별도로 친구를 맺어야 합니다. 카카오스토리에서 글을 공유하면 1:다수로 손쉽게 확산시킬 수 있습니다. 즉, 카카오톡으로 등록되어 있는 친구와 카카오톡 그룹으로 지정되어 있는 다수의 친구들에게 동시에 글을 확산시킬 수 있습니다.

2.1 카카오스토리 글 공유하기

카카오스토리에서는 다른 친구의 게시글을 내가 공유할 수도 있고, 내가 작성한 게시글을 다른 사람들에게 의도적으로 공유시킬 수도 있습니다.

우선 게시글을 작성한 후 올리기 전에 '함께 하는 친구' 메뉴를 선택합니다.

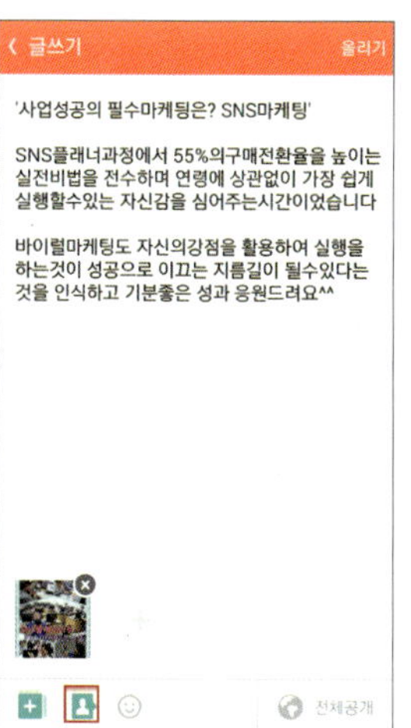

공유할 친구의 목록을 선택하여 상단에 해당 친구의 프로필 사진이 표시된 것을 확인한 후 [완료] 버튼을 클릭합니다.

오른쪽 상단의 [올리기] 버튼을 클릭하면 게시글이 등록됩니다. 카카오스토리 친구와 게시글 공유가 완료되면 게시글에 '~명과 함께'라는 공유 메시지가 표시됩니다. 친구의 알림창에는 "오기자님이 나와 함께하는 스토리를 올렸습니다. 확인해보세요!"라는 메시지가 전송됩니다.

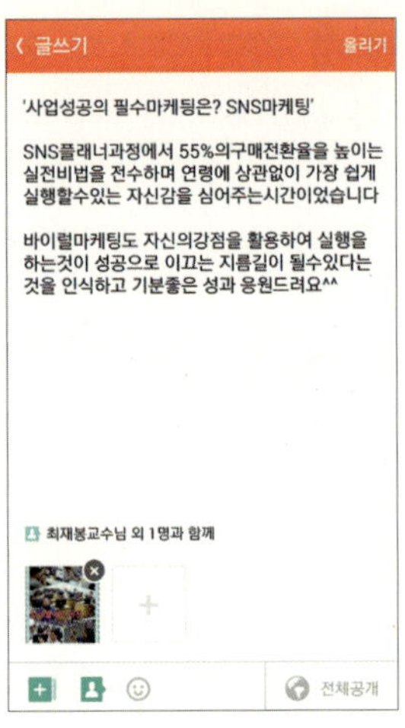

2.2 카카오톡을 활용해 글 확산하기

카카오스토리에서도 페이스북과 같은 공유 기능이 있어서 친구, 카카오톡 그룹, 카카오톡 친구를 이용해 단시간 내에 게시글을 공유하고 확산시킬 수 있습니다.

확산시키고 싶은 글의 오른쪽 상단 '공유' 아이콘을 클릭하면 오른쪽 그림과 같은 메뉴가 나타납니다. 이 메뉴 중에서 '카카오톡'을 선택합니다.

친구 목록이 나타나면 카카오스토리 게시글을 공유할 친구를 선택한 후 [확인] 버튼을 클릭합니다.

카카오톡 친구에게 카카오스토리 게시글의 공유가 완료된 화면입니다.

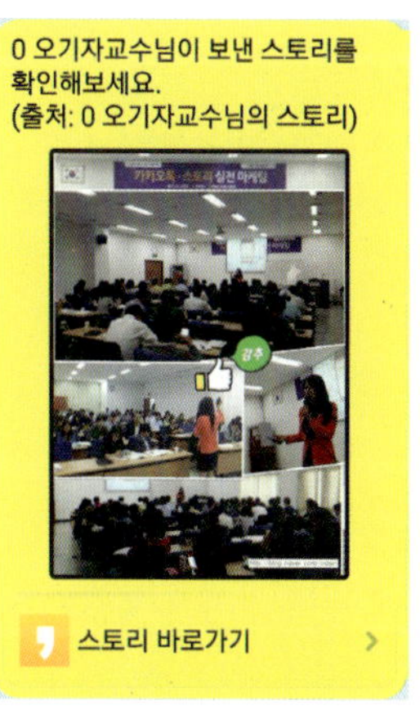

❸ 스토리채널로 고객 관리하기

그동안 베타서비스로 제공되었던 '카카오스토리 플러스'가 2014년 9월 정식 서비스로 제공되면서 '스토리채널'로 이름이 변경되었습니다. '스토리채널'은 개인이나 기업이 글, 사진, 동영상을 활용하여 쉽게 소식을 공유할 수 있도록 하는 SNS 방식입니다. 기존의 사업자등록증 검수 절차가 생략되고 페이스북과 비슷한 방법으로 관심 분야별 필요한 정보를 손쉽게 공유할 수 있도록 업그레이드되었습니다.

스토리채널의 특징은 카카오스토리와 비교해 보면 좀 더 쉽게 이해할 수 있습니다.

〈스토리채널의 특징〉

구분	스토리채널	카카오스토리
친구 맺기	무한대	1,000명
소식받기	소식을 받은 사람에게만 소식이 전달되고 채널 운영자에게는 보이지 않는 단방향 소통	쌍방향 소통
운영자	관리자를 4명까지 선정 가능	1인이 운영 가능
댓글과 느낌 달기	느낌 ○, 댓글 ×	가능
개설 수	1개의 아이디당 3개까지 운영 가능	1개의 아이디당 1개 운영

따라서 카카오스토리에서는 나의 일상을 중심으로 작성하고, 스토리채널에서는 나의 관심이나 주제, 즉 상품이나 상업적인 부분을 이야기하면 효과적으로 반응을 이끌어낼 수 있습니다.

지금부터 스토리채널의 가입부터 활용방법까지 자세히 알아보겠습니다.

3.1 스토리채널 가입하기

스토리채널은 정보나 이벤트를 얻고자 하는 사용자들이 방문하게 되므로 목적에 맞게 구체적이고 직설적인 채널 이름과 내용을 올리는 것이 좋습니다. 운영자의 차별화된 정보를 통해 타깃 고객을 유입하고 관리하는 것이 포인트이기 때문입니다.

스토리채널에 가입하려면 먼저 'ch.
kakao.com'으로 이동하여 [카카오계
정으로 로그인] 버튼을 클릭합니다.
(기존 카카오스토리 플러스 가입자는
storyplus.kakao.com으로 이동)

카카오 계정의 이메일과 비밀번호를
입력하고 [로그인] 버튼을 클릭합니다.

처음 스토리채널에 로그인한 사용자
는 [스토리채널 시작하기] 버튼을 클
릭합니다. 스토리 프로필 만들기 화
면에서 이름을 입력하고, 휴대폰 번
호를 인증받습니다. 그리고 스토리채
널에 대한 약관과 개인정보 이용에 관
한 동의 등 체크사항을 확인한 후 [가
입] 버튼을 클릭합니다.

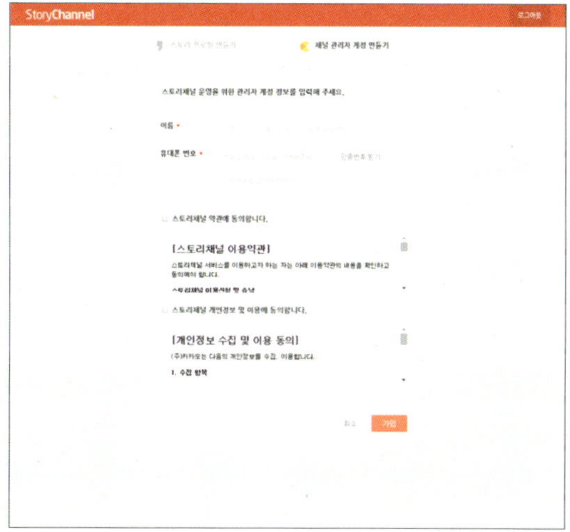

가입이 완료되면 [새 스토리채널 만
들기]를 클릭해 본격적으로 스토리
채널을 만들 수 있습니다.

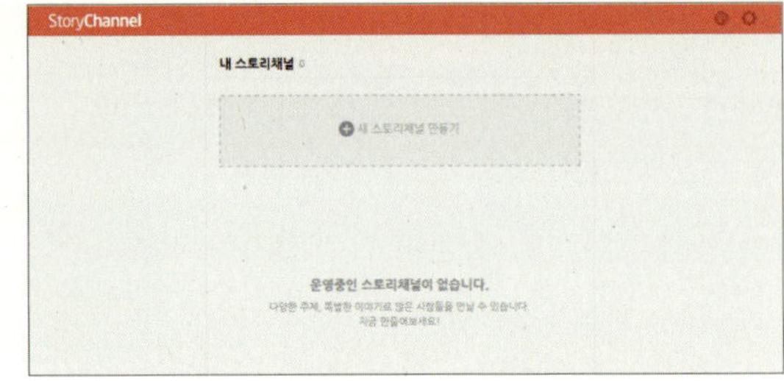

스토리채널의 기초 자료가 될 채널 이
름과 채널 아이디, 한줄소개, 카테고
리 등을 입력한 후 [확인] 버튼을 클릭
합니다.
채널 이름은 운영 아이템과 콘셉트를
정확하게 보여줄 수 있는 이름으로 설
정하는 것이 중요합니다.

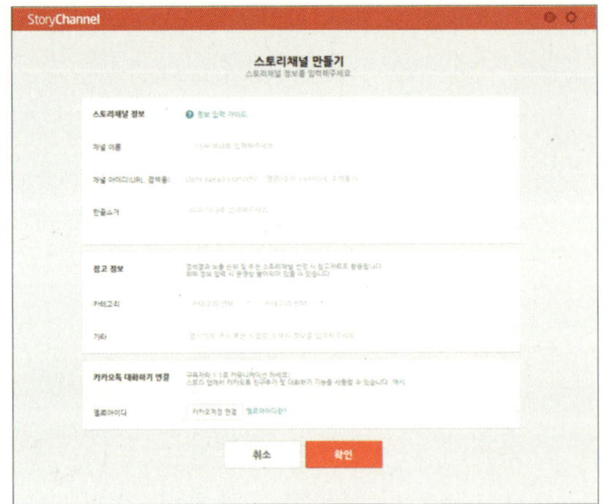

다시 로그인을 하면 방금 만든 스토리채널이 표시됩니다.
스토리채널은 한 아이디당 3개까지 만들 수 있습니다.

방문객 유입을 위한 이름 작성법

스토리채널을 마케팅에 적극적으로 활용하기 위해서는 소식 받는 사람들이 많아야 합니다. 일반적으로 스토리채널의 이름을 보고 '소식받기'를 선택하기 때문에 스토리채널의 이름이 매우 중요합니다. 보통 쇼핑몰 이름이나 자신의 이름, 제품명 또는 상호로 이름을 짓는데, 이런 경우 대중성도 부족할 뿐더러 신뢰성도 낮아 쉽게 '소식받기'를 선택하지 않습니다. 따라서 자신의 제품이나 상호에 맞게 조금 포괄적인 의미의 이름으로 짓는 것이 좋습니다.

그림을 보면 사람들에게 유독 끌리는 채널 이름들이 있습니다. '개봉영화', '남자들이 좋아하는 공간', '하루에 한줄' 등 이름만으로 사람들의 관심을 유발해 내용이 많지 않더라도 '소식받기'가 기하급수적으로 늘어나게 됩니다. '남자들이 좋아하는 공간'은 968,299명, '하루에 한줄'은 483,435명이 소식을 받고 있습니다.

3.2 스토리채널 인사이드

스토리채널은 기존의 스토리플러스에는 없던 관리 기능이 추가되었습니다. 관리자를 초대해 함께 관리할 수 있고, 신규로 소식을 받는 친구가 누구인지도 알 수 있으며, 다양한 통계 자료를 확인하고 분석할 수 있는 기능도 갖추고 있습니다.

'정보' 탭

'정보' 탭은 기본적인 정보를 수정할 수 있는 곳입니다. 채널 이름이나 한 줄 소개를 변경할 수 있으며, PC에서 방문할 수 있는 URL 주소도 확인할 수 있습니다. PC에서 방문하려면 스토리채널 앱을 설치하고 'https://story.kakao.com/ch/iceocafe/app'로 이동하면 됩니다. 하단의 옐로아이디와 연결하면 1:1로 채팅 상담도 할 수 있습니다.

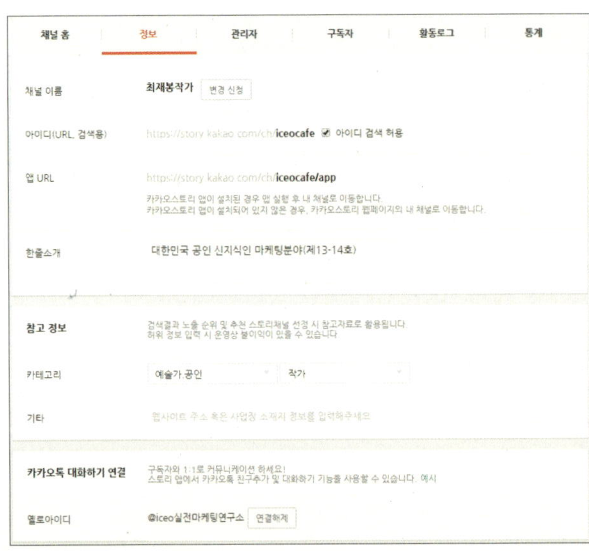

스토리채널은 매니저를 4명까지 초대할 수 있습니다. 매니저는 스토리채널을 폐쇄할 수 있는 기능을 가지고 있지 않다는 것만 다를 뿐, 채널에 글을 작성하거나 댓글을 작성할 수 있다는 점에서는 마스터와의 차이점이 없습니다. 카카오 계정(이메일)을 이용하거나 카카오스토리 친구 초대 기능을 활용하면 매니저를 초대할 수 있습니다.

이메일(카카오 계정)로 초대하는 화면입니다. 매니저로 초대할 사람의 이메일을 입력하고 [확인] 버튼을 클릭하면 해당 사람의 이메일로 메일이 발송됩니다.

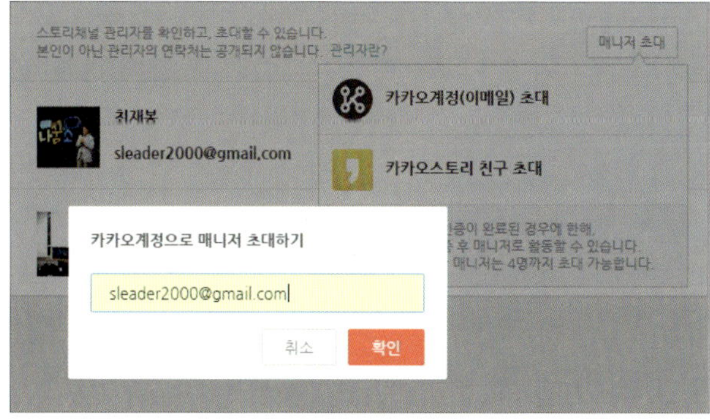

다음은 카카오스토리 친구로 매니저를 초대하는 화면입니다. 초대할 친구의 이름을 검색하면 나타나며, 이곳에서 [초대하기] 버튼을 클릭하면 매니저로 초대하기 메시지가 발송됩니다.

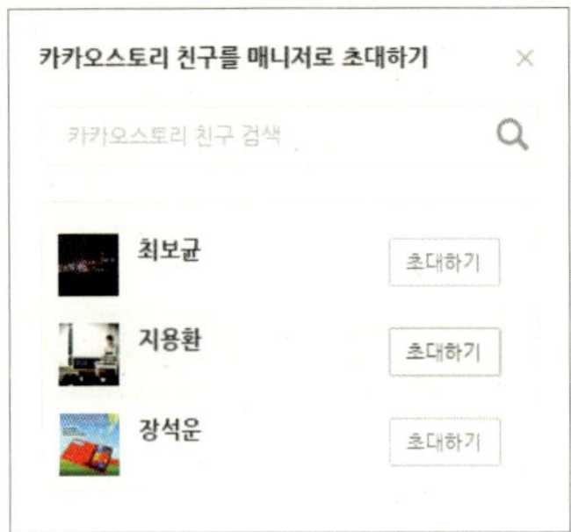

관리자는 초대한 사람이 허락을 해야만 활동이 가능하며, 마스터는 매니저를 초대할 수 있는 권한과 취소할 수 있는 권한을 모두 가지고 있습니다.

'구독자' 탭

구독자 리스트를 확인할 수 있습니다. 스토리채널은 한번에 많은 사람들이 구독할 수 있기 때문에 최근 일주일간의 구독자 리스트를 최대 100명까지 조회할 수 있습니다.

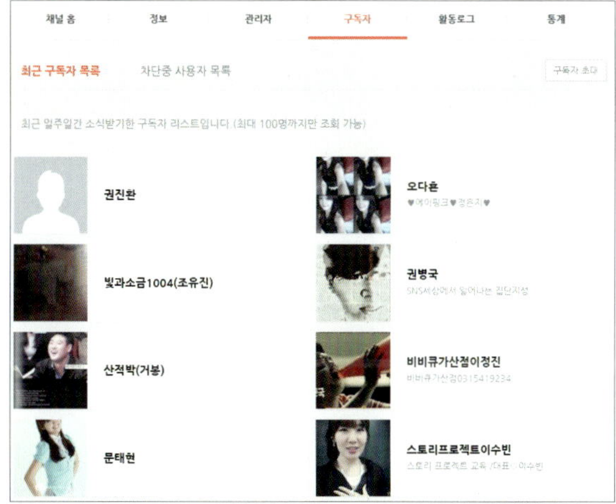

'활동로그' 탭

활동로그는 스토리채널에서 일어나는 일련의 활동, 즉 댓글을 달거나 삭제한 내용, 게시글로 올린 내용, 구독자가 늘어난 내용 등을 로그로 보여 줍니다.

통계에서는 '구독자', '활동 사용자', '방문 사용자'의 증감, 활동하고 있는 사용자가 얼마나 되는지를 그래프로 보여 줍니다. 이 통계 자료를 통해 어떤 내용을 올렸을 때 사용자가 많이 활동하거나 이탈했는지 분석하여 운영할 수 있습니다.

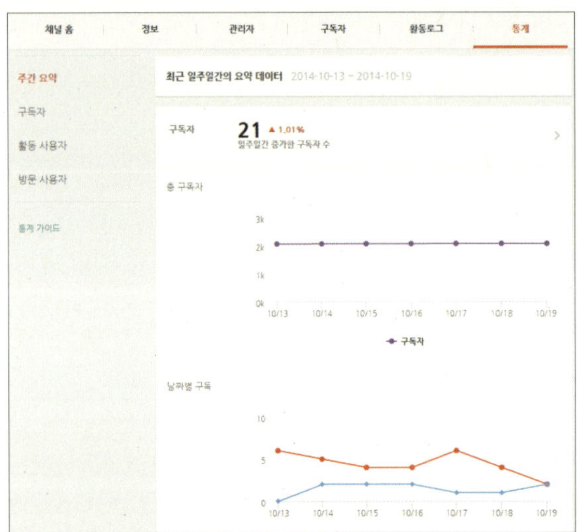

④ 소기업/소상공인 CRM(고객관계마케팅)을 도와주는 옐로아이디

소기업이나 소상공인들은 온라인 쿠폰을 발행하거나 식사 시간에 맞춰 단체 메시지를 전송하여 고객을 유입시키는 시스템을 구축하기 어렵습니다. 많은 비용과 인력이 필요하기 때문입니다. 또한 기존 고객을 제대로 관리하지 못하면 경쟁 업체와 대기업에 고객을 빼앗기게 되어 매출이 급감할 수밖에 없습니다.

카카오에서는 소기업이나 소상공인을 위해 적은 비용으로 고객관리를 할 수 있는 옐로아이디 서비스를 오픈하였습니다. 옐로아이디 활용방법을 조금만 알면 기존 고객을 더욱 효과적으로 관리할 수 있습니다.

4.1 옐로아이디의 장단점

구분	장점	단점
회원 늘리기 / 숫자 제한	무한대	'소식받기' 회원 별도 모집
일괄 메시지, 그룹 메시지 보내기	일괄 카톡 전송 가능(카카오톡은 그룹으로 선택해서 전송을 보내야 하는데, 옐로아이디는 한번에 모두에게 개별 메시지를 보낼 수 있다).	건당 비용 지출
쿠폰 발행 여부	쿠폰을 발행하여 마케팅 활용	건당 비용 지출
미니홈피 제공	모바일 명함처럼 미니홈피 제공	–

옐로아이디는 사업자들이 간편하게 메시지를 보낼 수 있는 기능을 제공하는 데 건당 11원을 지불해야 합니다. 카카오톡의 단체 메시지가 한꺼번에 보내는 느낌 때문에 받아보는 입장에서는 자신을 위한 메시지라고 생각하지 못하지만, 옐로아이디는 전체 메시지를 보낸다 하더라도 1:1로 전송되어 효과적으로 고객을 관리할 수 있습니다.

4.2 옐로아이디 가입하기

옐로아이디에 가입하기 위해 'yellowid.kakao.com'으로 이동합니다. [+ 옐로아이디 만들기] 버튼을 클릭합니다.

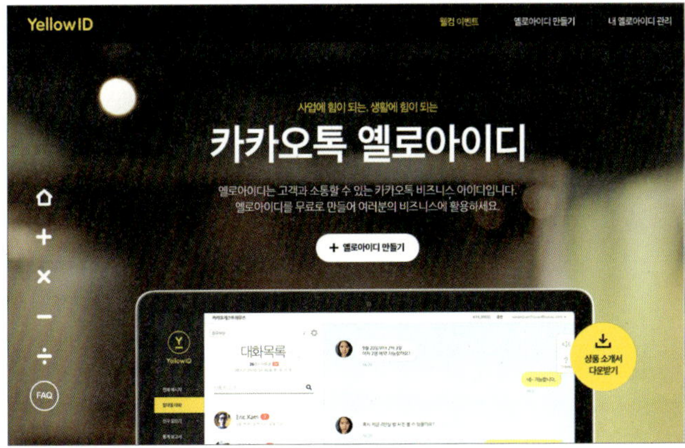

'신규가입' 창이 나타나면 '카카오 회원가입 > 옐로아이디 등록 > 심사 후 완료' 순으로
회원가입을 진행합니다. 카카오톡 회원이 아닐 경우 옐로아이디 등록을 할 수 없으므로
카카오톡 회원가입부터 먼저 해야 합니다.

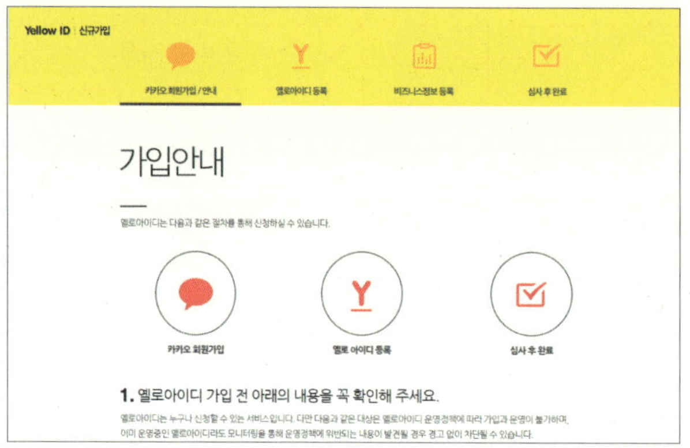

옐로아이디는 회원가입만으로는 바로 개설되지 않고, 별도의 '심사'를 거치게 됩니다.
심사 기준은 다음과 같습니다.

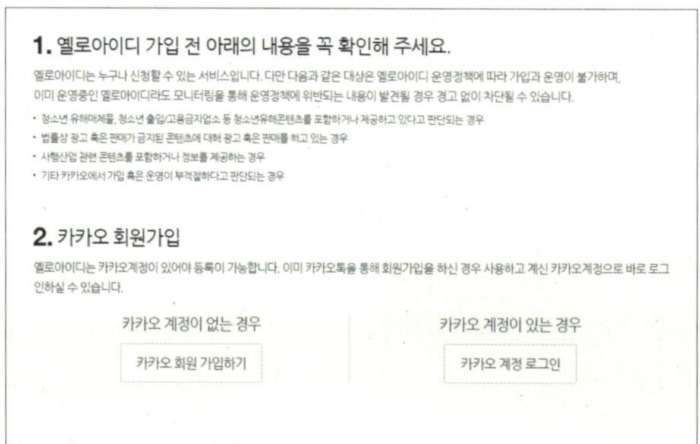

옐로아이디의 등록이 보류되는 운영정책에 대한 공지를 확인할 수 있습니다.

❶ 청소년 유해매체물, 청소년 출입/고용금지업소 등 청소년 유해 콘텐츠를 포함하거나
   제공하고 있다고 판단되는 경우

❷ 법률상 광고 혹은 판매가 금지된 콘텐츠에 대해 광고 혹은 판매를 하고 있는 경우

❸ 사행산업 관련 콘텐츠를 포함하거나 제공하는 경우

❹ 기타 카카오에서 가입 혹은 운영이 부적절하다고 판단되는 경우

일반적인 경제 활동을 위한 아이템이라면 대부분 개설이 허락됩니다. 카카오 계정이 없는 경우에는 왼쪽의 [카카오 회원 가입하기] 버튼을 클릭하고, 카카오 계정이 있는 경우에는 오른쪽에 [카카오 계정 로그인] 버튼을 클릭합니다.

카카오 계정이 없을 때 '카카오 회원 가입하기'

카카오 계정이 없을 때 왼쪽 버튼을 클릭하면 신규 계정 가입하기 화면이 나타납니다. 카카오 서비스 약관에 동의하고 [다음] 버튼을 선택합니다.

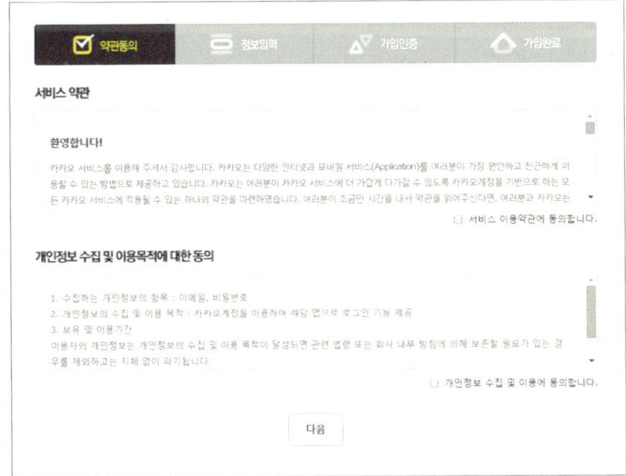

이메일과 비밀번호를 등록한 후 [다음] 버튼을 클릭하면 가입이 완료됩니다.

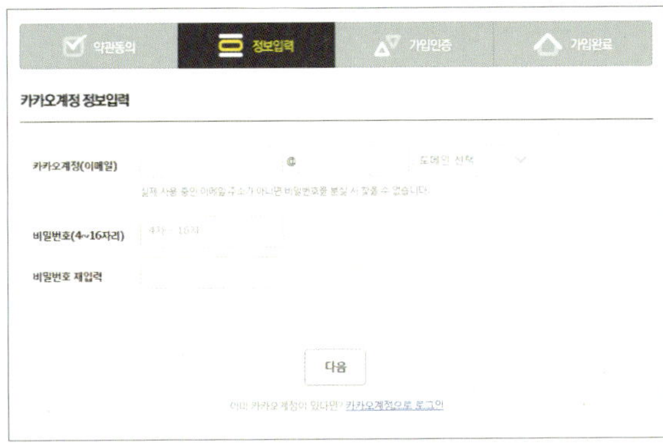

카카오 계정으로 옐로아이디 가입하기

옐로아이디 가입순서는 '회원가입/안내 〉 옐로아이디 등록 〉 비즈니스 정보 등록 〉 심사 후 완료' 순으로 진행됩니다. 메인 화면에서 [카카오 계정 로그인] 버튼을 클릭하면 다음과 같은 화면이 나타납니다.

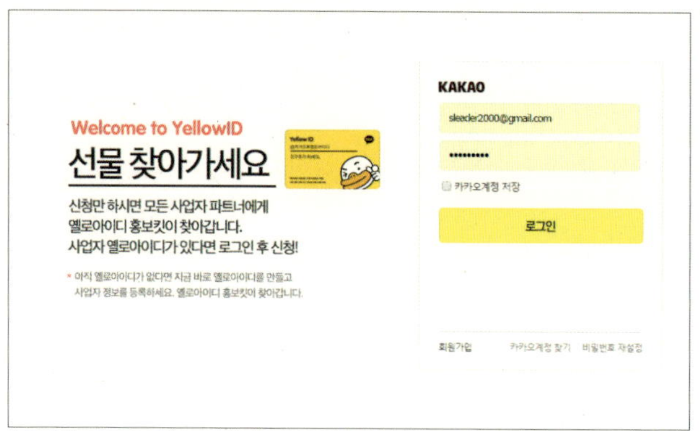

옐로아이디 이용약관 동의함에 체크하고 [다음] 버튼을 클릭합니다.

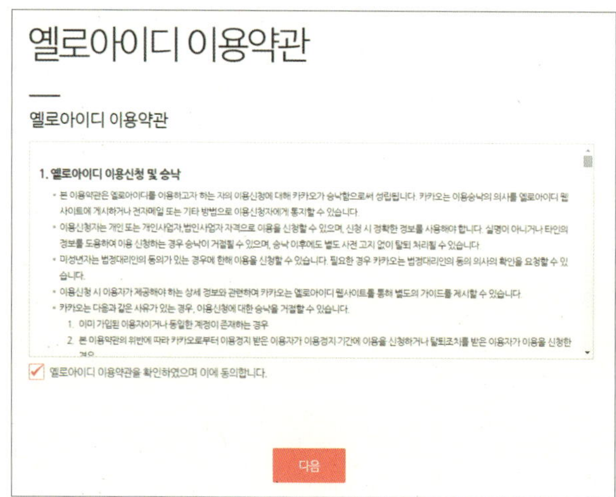

옐로아이디 기본정보를 등록하는 화면에서 정보를 입력합니다. 회사 전화번호와 주소 그리고 인증받을 핸드폰 번호를 입력한 후 [심사요청] 버튼을 클릭합니다.

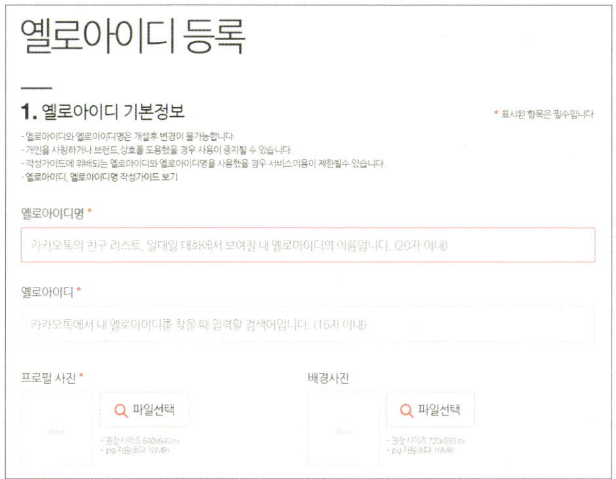

- **옐로아이디명** : 카카오톡 친구들에게 보일 이름입니다. 옐로아이디는 주로 회사에서 마케팅용으로 사용하는 것이므로 상호명이나 제품명으로 설정하는 것이 좋습니다.
- **옐로아이디** : 사람들이 찾을 수 있는 검색어입니다. 자동으로 '@옐로아이디명'으로 생성됩니다.
- **프로필 사진과 배경사진** : 자신이 알리고자 하는 제품 이미지를 선택하는 것이 좋습니다.

- **소개메시지** : 내 옐로아이디를 간단히 소개할 수 있는 내용을 입력합니다.
- **친구추가 감사메시지** : 옐로아이디에 가입한 친구에게 자동으로 감사의 메시지를 보낼 수 있는데 운영 목적이나 가입 시 혜택 등을 알리면 좋습니다.

- **홈페이지 주소** : 방문객을 자신의 쇼핑몰이나 홈페이지 또는 블로그로 유도할 수 있도록 홈페이지 주소
를 입력합니다.

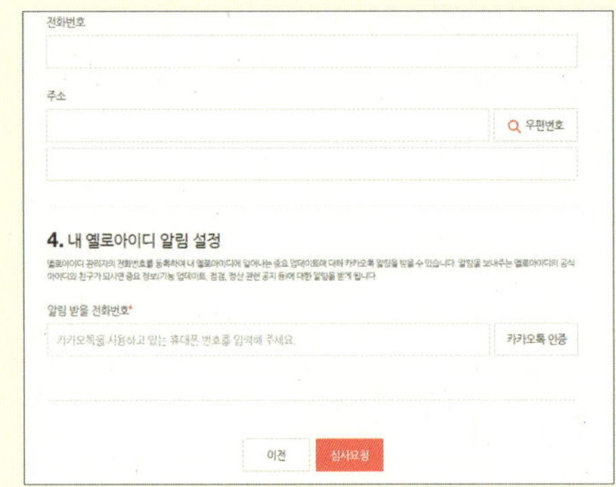

- **전화번호** : 옐로아이디에 가입된 사람들에게 보여줄 전화번호를 입력합니다.
- **주소** : 사업장 주소를 입력합니다.
- **알림 받을 전화번호** : 옐로아이디에서 일어나는 중요한 일을 카톡 알림으로 받아볼 수 있습니다. 카카오
톡에 가입된 전화번호를 입력하면 됩니다.

다시 한 번 입력한 정보가 맞는지 확인하는 메시지가 나타나고 [확인] 버튼을 클릭하면
다음 단계로 넘어갑니다.

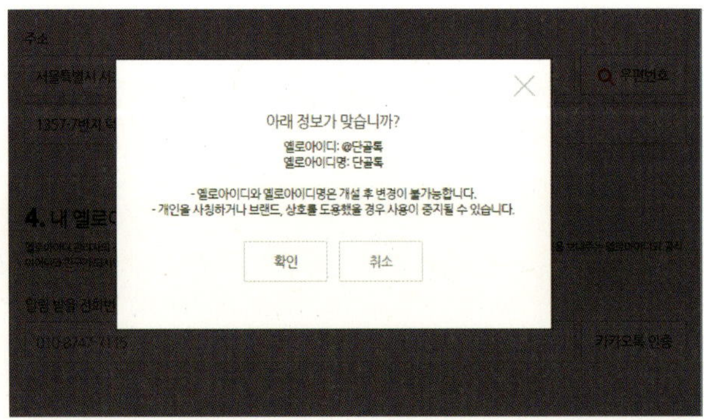

'비즈니스정보 등록' 단계입니다. 사업자등록증이 있을 경우에는 비즈니스 정보를 입력해야 옐로아이디에서 제공하는 '전체 메시지 보내기', '이미지 앨범', '쿠폰 발행' 등의 기능을 사용할 수 있습니다.

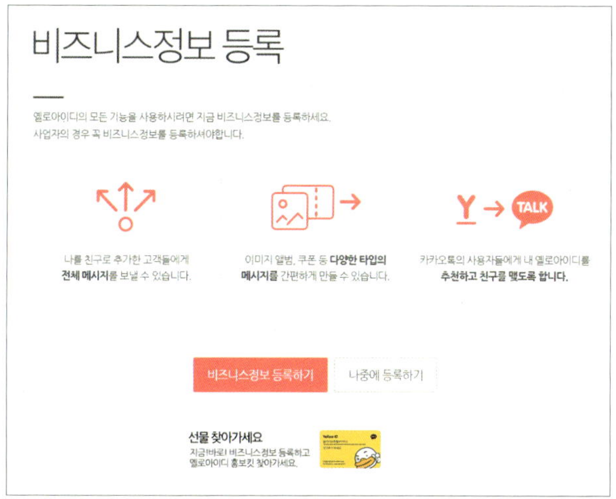

이용약관에 동의하고 [다음] 버튼을 클릭합니다.

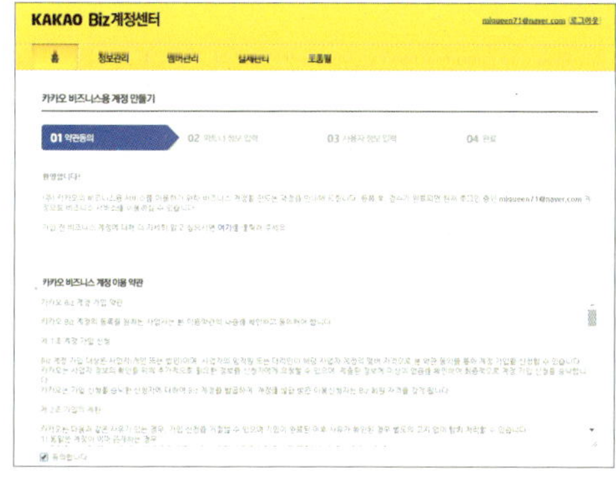

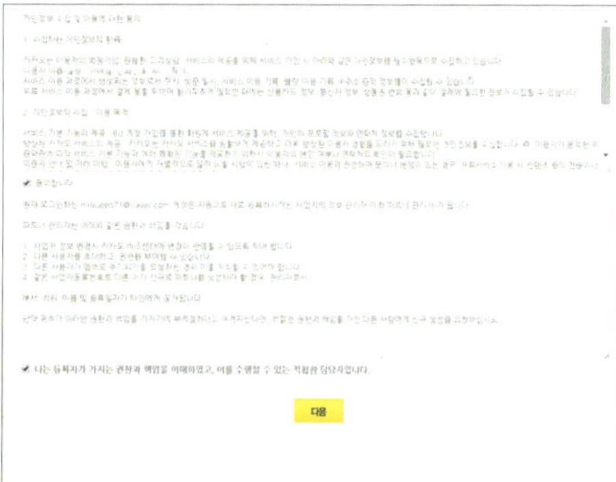

사업자 등록번호를 입력하고 상세한 내용을 입력합니다.

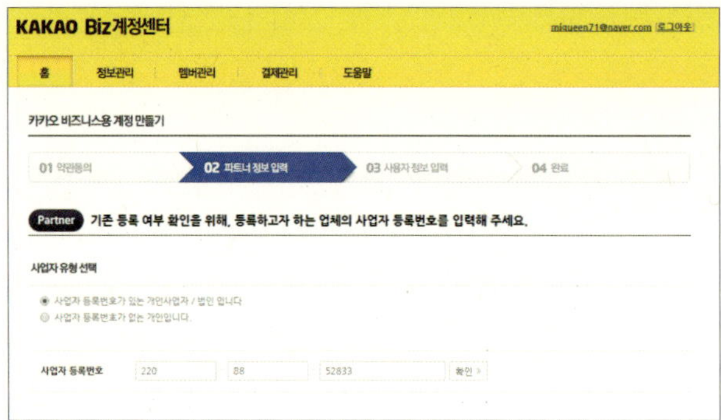

사용자 정보까지 입력을 완료하면 심사요청 완료 메시지가 나타납니다. 옐로아이디는
별도의 심사 기간이 필요하며, 심사가 완료되면 입력한 전화번호로 알림이 발송됩니다.
심사 완료 후에는 관리자 페이지를 이용할 수 있습니다.

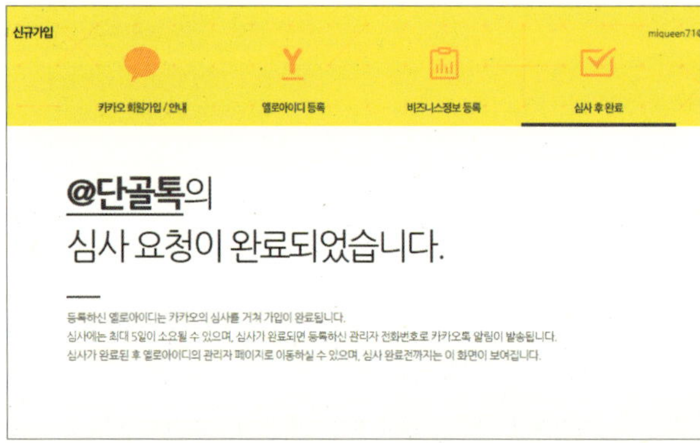

4.3 옐로아이디 관리하기

옐로아이디를 만들었다면 관리하는 방법을 알아야 합니다. 옐로아이디를 활용해 고객을
관리하는 방법을 알아보겠습니다.

옐로아이디 메인 화면에서 오른쪽 상단의 '내 옐로아이디 관리' 메뉴를 클릭합니다.

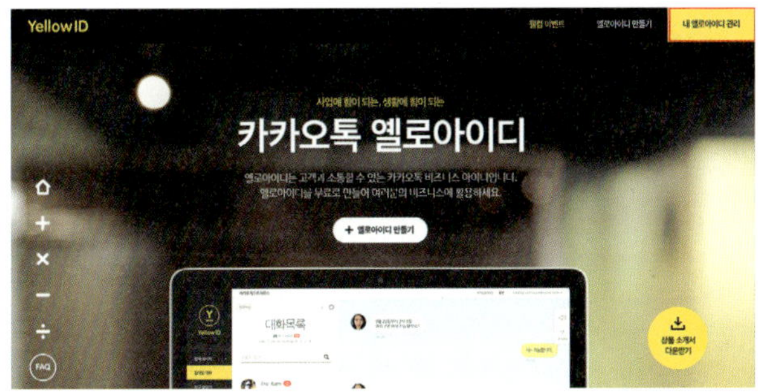

가입한 아이디와 비밀번호를 입력하고 [로그인] 버튼을 클릭합니다.

옐로아이디 메인 화면입니다. 메인 화면에서는 친구현황 동세 자료와 메시지 진송 내용 등이 표시됩니다.

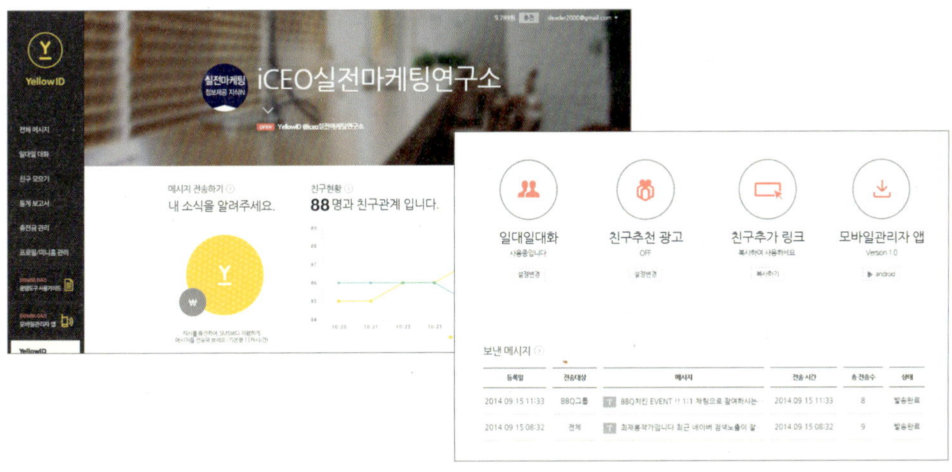

전체 메시지

소식받기를 선택한 사람들에게 한꺼번에 전체 메시지를 전송하거나 그룹을 정해서 메시지를 보낼 수 있는 기능입니다. 메시지 전송에는 '기본형', '이미지앨범형', '쿠폰형', '보낸메시지' 항목이 있습니다.

- **기본형** : 문자와 이미지를 전송할 수 있습니다.
- **이미지앨범형** : 여러 개의 이미지를 한꺼번에 보낼 수 있습니다.
- **쿠폰형** : 상점에서 대기업이 보내는 것과 같은 전자 쿠폰을 발행할 수 있습니다.
- **보낸메시지** : 지금까지 보낸 내용을 확인할 수 있습니다.

메시지 전송 : 기본형

가장 많이 활용되는 메시지 전송 종류입니다. 문자, 이미지, 홈페이지 주소를 연결할 수 있도록 구성되어 있습니다.

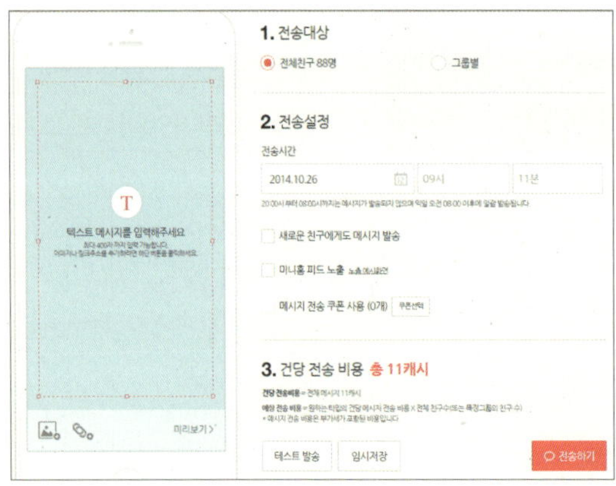

- **전송대상** : 전체 친구에게 보내거나 그룹별로 나누어 보낼 수 있습니다.
- **전송설정** : 전송할 시간을 설정하여 발송할 수 있습니다.
- **새로운 친구에게도 메시지 발송** : 체크하면 전송 예약된 시간까지 신규로 가입된 회원에게도 발송이 됩니다.
- **미니홈 피드 노출** : 친구에게 메시지를 발송할 때 해당 옵션을 체크하면 미니홈에 메시지 내용이 게시됩니다.

화면 왼쪽에 텍스트를 작성하면 되며, 이미지 없이 텍스트만 전송할 때에는 건당 11원의 비용이 발생합니다.

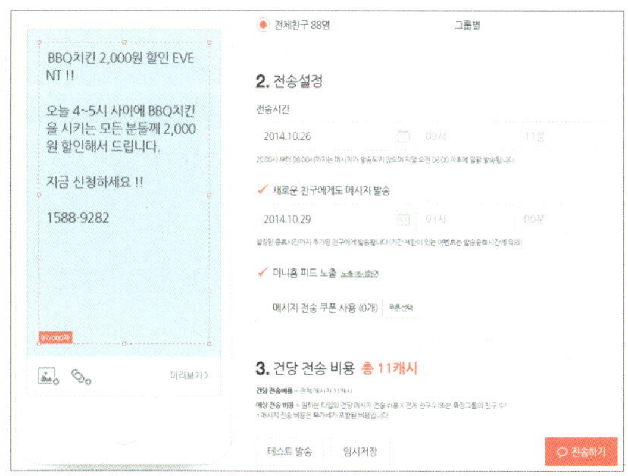

글쓰기 하단에 이미지 아이콘을 클릭하면 이미지를 첨부할 수 있습니다. 이미지가 포함된 메시지를 전송할 경우 건당 22원의 비용이 발생합니다.

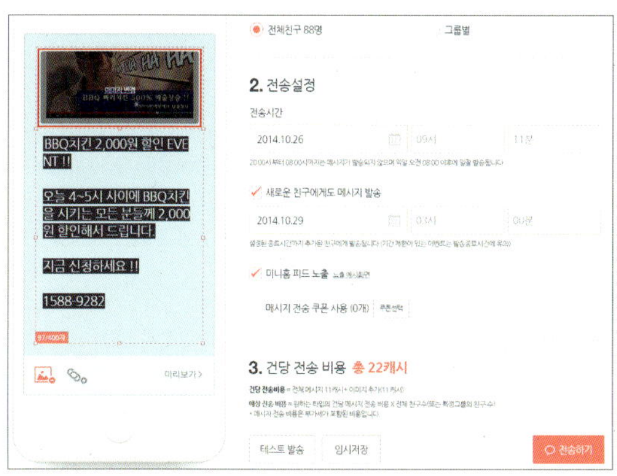

문자 전송 시 홈페이지나 이벤트 페이지를 연결할 수도 있습니다. 글쓰기 하단의 링크 아이콘을 클릭하여 '링크버튼 이름'과 '링크주소'를 입력한 후 [적용] 버튼을 클릭합니다.

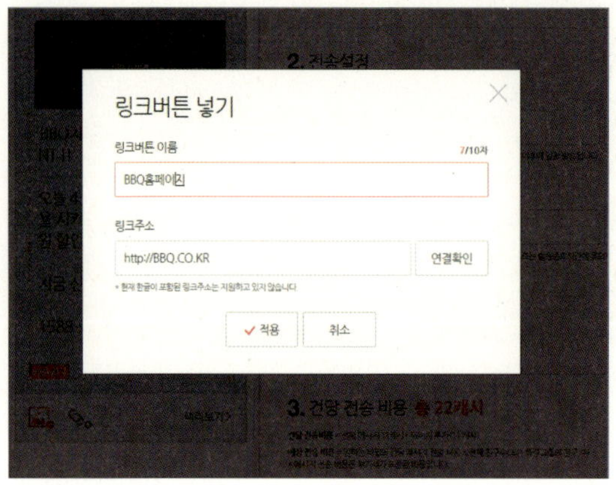

링크를 연결하면 그림과 같이 클릭하면 이동할 수 있도록 표시됩니다. 링크는 추가 비용 이 없습니다.

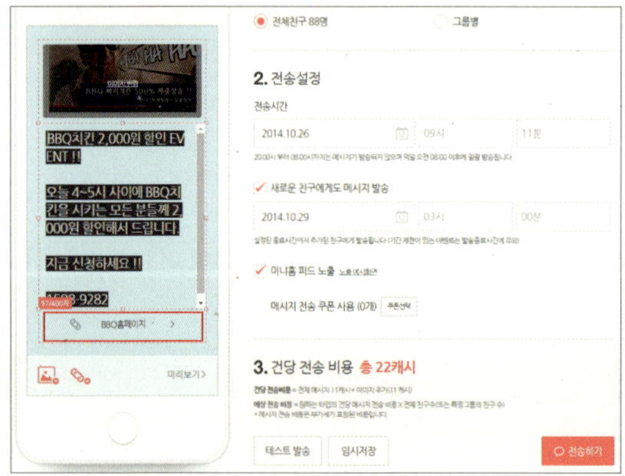

메시지 전송 : 이미지 앨범형

고객에게 메뉴별로 이미지를 소개할 때 활용할 수 있는 기능입니다.

왼쪽에 텍스트를 입력하는 영역과 하단에 이미지를 추가하는 영역으로 나누어져 있습니다. 이미지 파일당 최대 용량은 10MB이며, 건당 44원의 비용이 발생합니다.

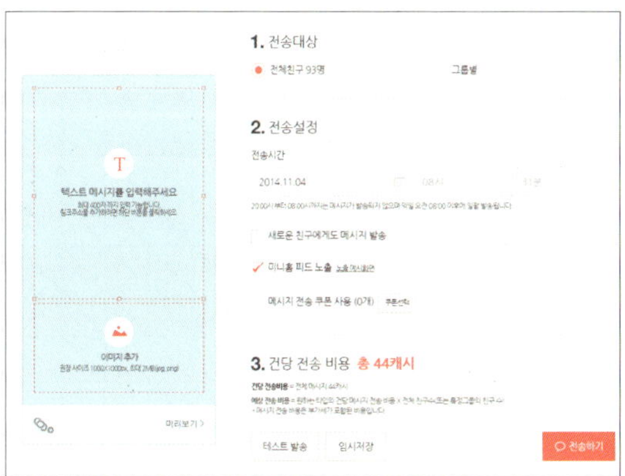

텍스트를 입력하고 '이미지 추가' 영역을 클릭하면 다음과 같이 '이미지앨범 넣기' 창이 나타납니다. '앨범 제목'을 입력하고 [파일선택] 버튼을 클릭하여 이미지를 선택합니다.

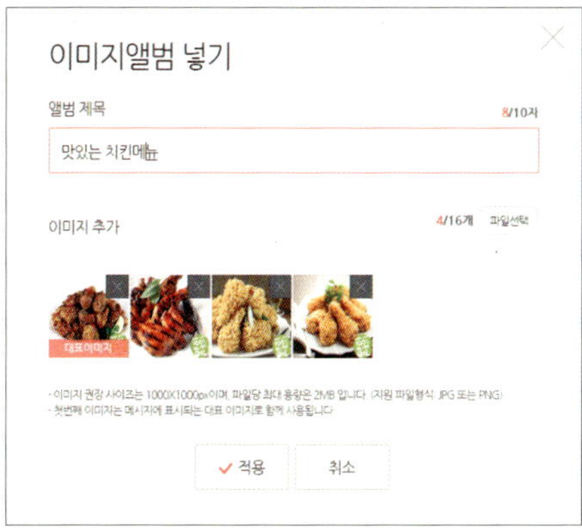

'링크' 아이콘을 클릭하여 '링크버튼 이름'과 '링크주소'도 입력할 수 있습니다. 해당 쇼핑몰로 링크를 걸면 온라인 주문을 유도할 수 있어 판매에 도움이 됩니다.

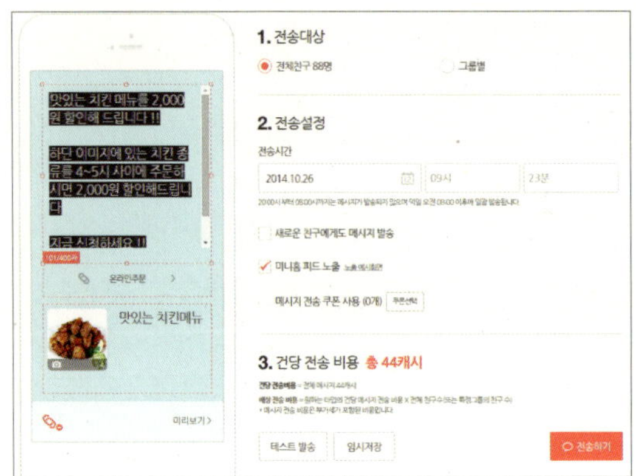

텍스트와 이미지, 링크를 추가해 완성된 화면입니다.

메시지 전송 : 쿠폰형

소규모 매장에서 쿠폰 발행 시스템을 구축하려면 많은 비용이 발생합니다. 옐로아이디는 신규 고객을 유입시키기 위해 쿠폰을 발행할 때 쉽게 작업할 수 있는 '쿠폰형' 기능을 제공합니다.

왼쪽은 쿠폰 메시지와 이미지를 입력하는 부분이고, 오른쪽은 쿠폰의 상세 내역을 작성하는 부분입니다.

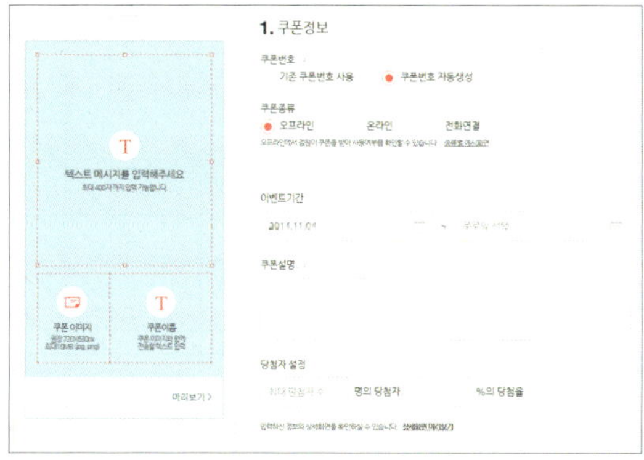

- **쿠폰번호**
  - 기존 쿠폰번호 사용 : 기존에 발행한 쿠폰이 있다면 txt 파일로 업로드해 사용할 수 있습니다.
  - 쿠폰번호 자동생성 : 자동으로 쿠폰번호를 생성해 줍니다.(처음 사용하는 사용자들은 이 항목을 선택하면 손쉽게 쿠폰을 발행할 수 있습니다.)
- **쿠폰종류** : 오프라인에서 확인하고 발행할지, 온라인에서 쿠폰번호를 입력하게 할지, 전화로 쿠폰번호를 확인할지를 선택할 수 있습니다.

▲ 오프라인 쿠폰

▲ 온라인 쿠폰

▲ 전화연결 쿠폰

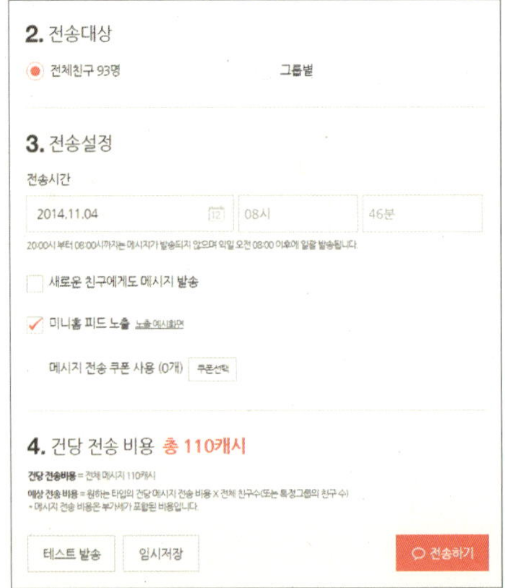

• **전송대상** : 전체 또는 그룹별로 선택할 수 있습니다. 건당 110원의 비용이 발생합니다.

쿠폰 항목을 모두 입력한 후 미리보기 화면입니다. [전송하기] 버튼을 클릭하면 선택한
대상에게 쿠폰이 전송됩니다.

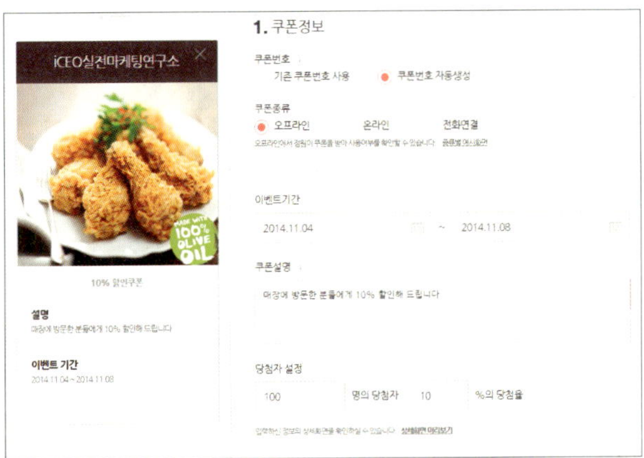

그룹 만들기

매장을 방문한 고객 중에 VIP 고객이나 특정 제품을 선호하는 타깃 고객들에게만 신제
품을 홍보할 때 그룹을 미리 만들어 두면 편리하게 문자를 전송할 수 있습니다. 그룹을
만들기 위해 먼저 '친구그룹관리' 메뉴를 선택하고 오른쪽 화면에서 [그룹 만들기] 버튼
을 클릭합니다.

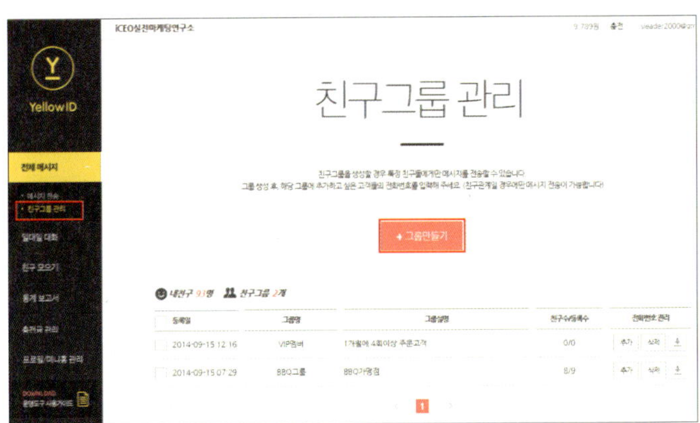

'그룹명'과 '그룹설명'을 입력합니다. 그
룹명에는 향후 단체 메시지를 보낼 때 쉽
게 구분할 수 있도록 명확하게 작성합니
다. 'VIP멤버', '우수멤버' 등이 좋습니다.

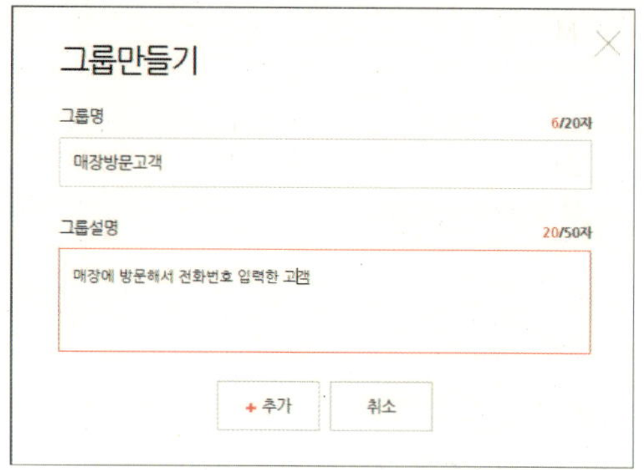

그룹 목록이 만들어지면 그룹에 멤버를
추가해야 합니다. 그룹명 오른쪽의 '추
가] 버튼을 클릭합니다.

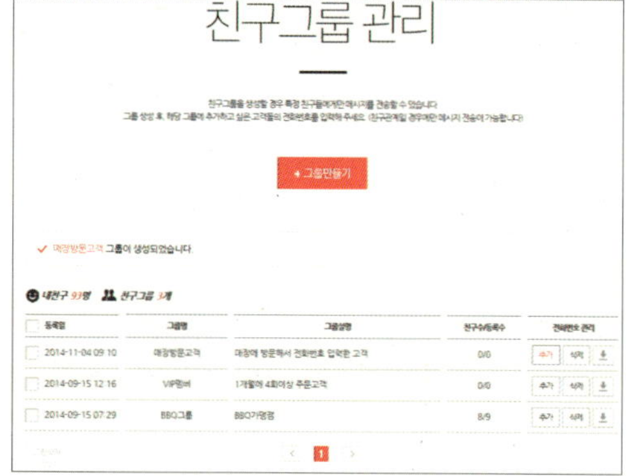

전화번호는 '직접입력'과 '파일업로드' 중
하나를 선택하여 입력할 수 있습니다.
'직접입력'은 해당 창에 전화번호를 사용
자가 직접 입력해야 하고, '파일업로드'
는 txt 파일을 첨부하여 입력할 수 있습
니다.

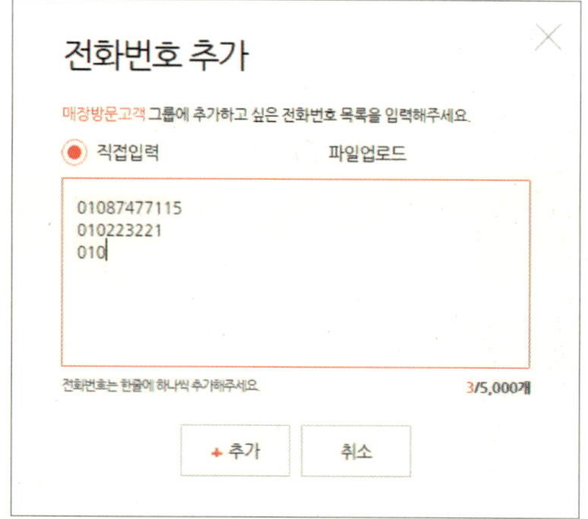

전화번호 등록하기
옐로아이디에 가입된 회원들에 한해서 전화번호를 입력하여 그룹을 만들 수 있습니다. 아무리 많은 전화번호
를 입력해도 옐로아이디 회원이 아니면 등록되지 않습니다.

제대로 등록되었는지 확인하려면 [등록
결과 다운로드] 버튼을 클릭합니다. 등
록 결과는 엑셀 파일로 확인할 수 있습
니다.

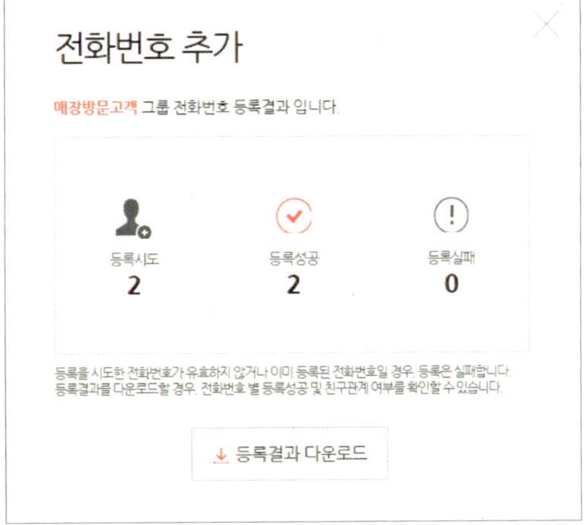

다음 그림을 보면 친구추가 결과 2명이 성공했으며, 그중 1명은 친구이고 1명은 아니라
고 표시되어 있습니다. 이것은 친구의 전화번호는 등록되었지만 메시지를 보낼 수 있는
친구는 1명이라는 것을 의미합니다.

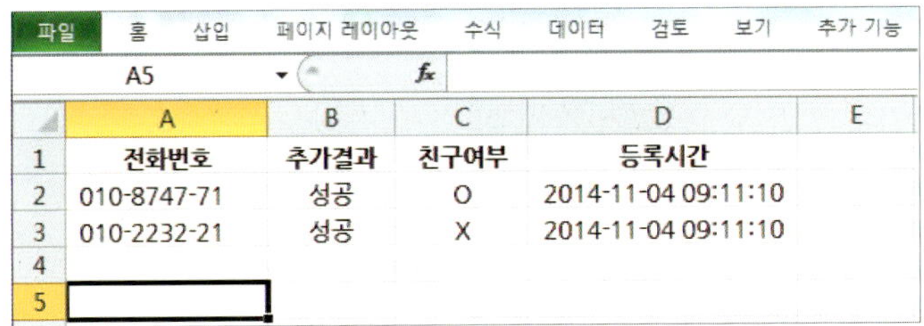

	A	B	C	D	E
1	전화번호	추가결과	친구여부	등록시간	
2	010-8747-71	성공	O	2014-11-04 09:11:10	
3	010-2232-21	성공	X	2014-11-04 09:11:10	
4					
5					

메인 화면에서도 '친구수/등록수'가 '1/2'로 표시된 것을 확인할 수 있습니다.

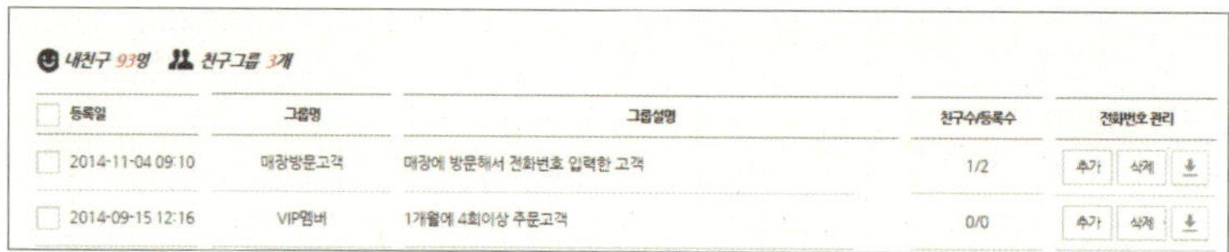

일대일 대화

옐로아이디는 단체 문자를 전송하는 기능뿐만 아니라 1:1 상담을 할 수 있는 기능도 제공합니다. 쇼핑몰에서 제품을 주문할 때 궁금한 내용은 일대일 대화 기능을 통해 해결할 수 있으며, 고객관리에도 도움을 줄 수 있습니다. 또한 병원이나 컨설팅 회사에서도 환자들과 일대일 대화를 통해서 고객을 관리할 수 있습니다.

'일대일 대화'를 클릭하면 메인 창이 나타납니다. 환경설정을 위해서 오른쪽 상단의 톱니바퀴를 클릭합니다.

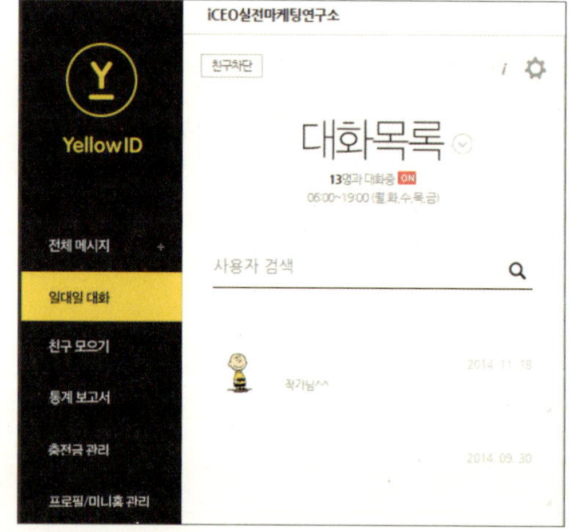

일대일 대화가 가능한 시간을 설정할 수 있습니다.

일대일 대화를 신청했는데 답변이 없으면 이탈하는 고객이 발생할 수 있습니다. 때문에 매장에서 영업시간을 정하듯 일대일 대화가 가능한 시간을 정해 두는 것이 좋습니다.

억지를 부리는 고객이나 장난스러운 고객은 대화를 차단하거나 대화방을 나가게 할 수도 있습니다.

대화 목록에서 해당 사용자의 오른쪽 하단의 작은 삼각형을 클릭하면 나타나는 메뉴에서 원하는 항목을 선택하면 됩니다.

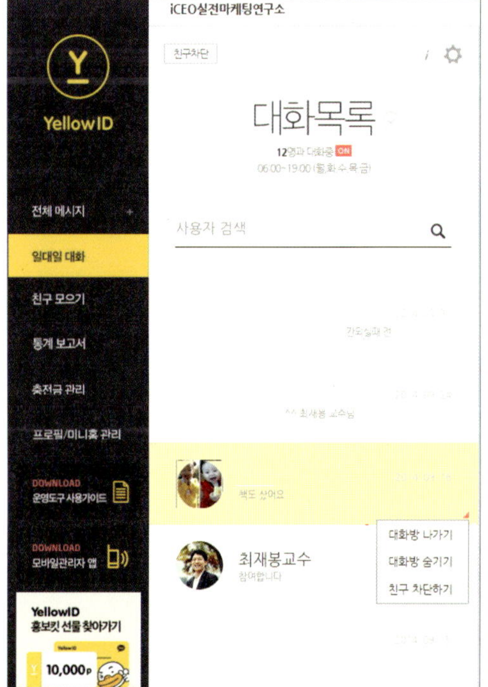

친구 모으기

친구에게 자신의 옐로아이디를 알려 주고 QR 코드를 자동으로 생성해 홍보할 수 있습니다.

자신의 옐로아이디를 기억시켜 카카오스토리나 카카오톡에서 홍보하는 것이 효과적입니다. 옐로아이디 주소는 'goto.kakao.com/@이름'으로 구성됩니다.

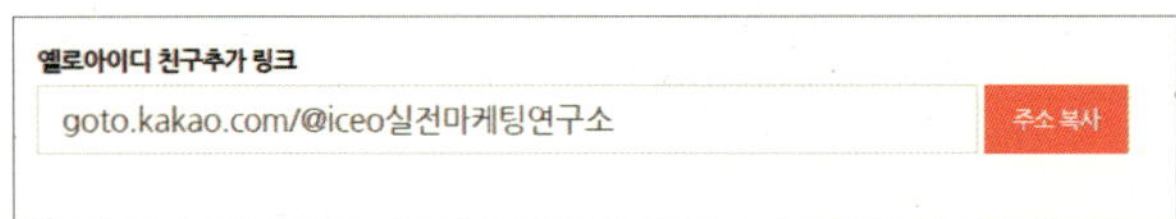

통계 보고서

통계 보고서를 통해 '친구수 통계', '메시지 통계', '미니홈 통계'를 확인할 수 있습니다. 가입한 친구 수와 방문객 수를 그래프로 표현하여 한눈에 확인하고 분석할 수 있습니다.

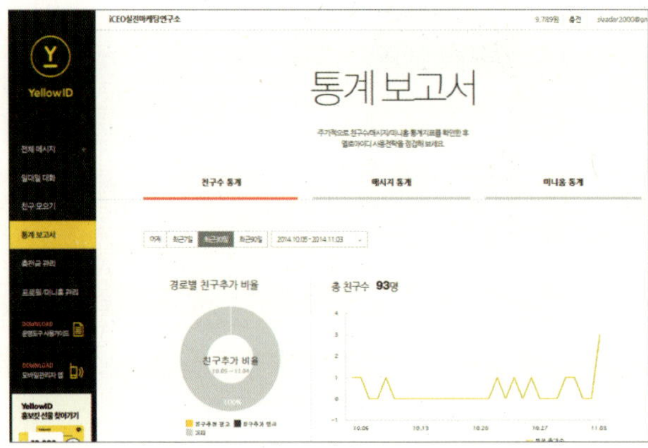

충전금 관리

옐로아이디는 금액을 충전해야만 단체 메시지를 보낼 수 있습니다. '충전금 관리' 메뉴에서 충전금 현황, 충전 내역, 소진 내역, 환불 내역 등도 확인할 수 있습니다.

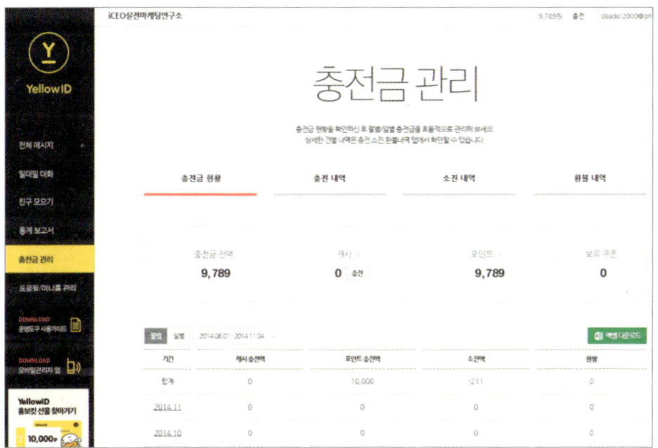

프로필/미니홈 관리

옐로아이디를 방문하는 사람들이 친구 신청 여부를 결정하게 만드는 곳이 바로 미니홈의 대문이고 소개 페이지입니다. 이는 신규로 가입한 친구에게 발송한 친절한 메시지가 활발한 활동을 하게 하는 데 중요한 역할을 합니다.

'프로필/미니홈 관리' 메뉴를 클릭하면 일자별로 자신의 일상을 올릴 수 있는 화면이 나타납니다. 이곳에 작성한 글은 옐로아이디 친구들이 미니홈을 방문했을 때 보이게 됩니다.

미니홈의 이름을 지정하거나 환경을 설정하기 위해 '연필' 아이
콘을 클릭합니다.

미니홈의 메인에 나타날 내용을 입력하는
창이 나타나면 프로필 사진, 배경사진, 상
태 메시지, 전화번호, 홈페이지 주소, 매장
주소를 입력합니다.

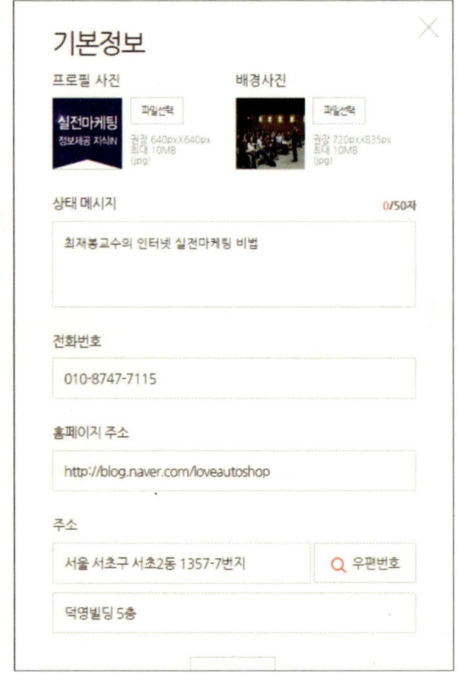

옐로아이디에 가입한 신규 고객에게 자동으로 환영의 메시지를 보낼 수 있습니다.

미니홈피 메인 하단 '친구추가 감사메시지' 옆의 '연필' 아이콘을 클릭하여 설정합니다.

이 창에서 감사의 글과 함께 자신의 쇼핑몰이나 사이트 주소, 자신을 대표할 수 있는 사진을 추가합니다.

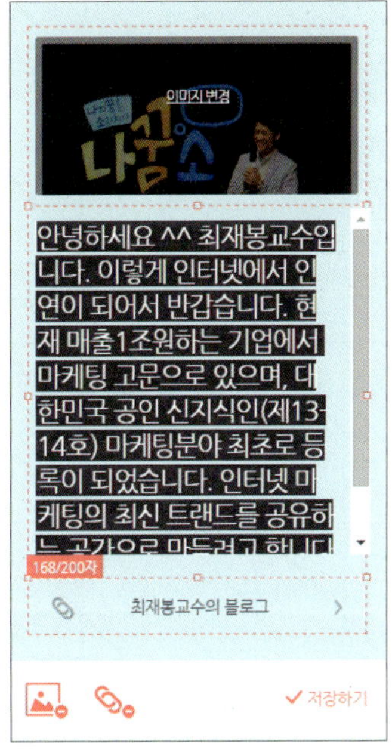

사업하는 사람들에게 '불황'은 넘어야 할 수많은 난관 중에서도 가장 무서운 벽입니다.
최근 이 벽이 좀처럼 낮아지지 않고 있습니다. 아마 올해도 다르지 않을 것 같습니다. 이 벽을 넘지 못하면 결국 '폐업'이라는 선택을 할 수밖에 없는데, 기반이 약한 중소상공인들에게 이 벽을 넘기란 참으로 어려운 것이 현실입니다.

하지만 이 불황의 시기에 영향을 받지 않고 심지어 호황을 누리기까지 하는 곳들도 분명히 있습니다. 도대체 무엇이 다르기에 그들은 불황이라는 늪과는 상관없이 성공적인 사업운영을 하고 있는 것일까요?

그 특징은 다음과 같이 정리할 수 있습니다.

첫째, 차별화된 메뉴가 있습니다.

잘 되는 음식점이나 가게를 보세요. 평범한 아이템을 다룬다고 해도 반드시 그 집만의 차별화된 메뉴가 있습니다. 맛집이라고 소문난 곳에는 사람들이 기억할 만한 독특한 메뉴가 있습니다. 자신의 사업 아이템 중에서 차별화된 제품이나 메뉴가 있는지 생각해 보세요. 제품이나 메뉴가 다양하다고 해서 고객을 끄는 것은 아닙니다. "어머, 이거 특이하네, 여기는 이게 다른 집과 다르네."라고 말할 수 있는 곳이어야 합니다.

둘째, 단골손님이 있습니다.

잘 되는 곳은 '고정 고객층'이 두텁게 포진되어 있습니다. 그 이유는 무엇일까요? 오랜 시간 한 곳에서 꾸준히 해 오면서 신뢰를 얻은 경우도 있고, 시작한 지 얼마 되지 않았지만 고객들과의 소통이 잘 되어 신뢰도가 높은 경우도 있습니다. 결국 한결같은 품질을 바탕으로 한 신뢰로 단골손님을 만들 수 있습니다.

셋째, 고객이 많은 곳에 자리를 잡고 있습니다.

'장사는 목'이라는 말이 있습니다. 기본만 갖추어도 목이 좋으면 다른 곳보다 훨씬 많은 매출을 올릴 수 있습니다.

이 외에도 많은 성공요인들이 있겠지만 위의 3가지는 가장 기본이 되는 것입니다. 이 중에서 하나라도 해당된다면 굳이 이 책을 볼 이유는 없습니다. 이미 잘 되고 있을테니까요.

EPILOGUE

끝으로 이 책에서 다룬 내용을 간단하게 정리해 보겠습니다.

명동보다 더 많은 유동인구가 있는 곳을 활용하라!

바로 인터넷입니다. 하루에도 3천만 명 이상이 움직이는 곳이야 말로 앞에서 말한 '목이 좋은 곳'입니다. 페이스북 사용자는 1,000만 명 이상이며, 젊은 세대들이 이곳에서 활발하게 소통하고 있습니다. 카카오는 3,000만 명 이상이 사용하며, 세대에 관계없이 다양한 연령층에서 이용하고 있습니다. 블로그는 원하는 정보를 찾기 위해 하루 1,000만 명 이상이 검색하고 있습니다. 이렇게 많은 사람들이 활동하는 곳을 놓치고 있었다면 지금이라도 적극적으로 마케팅에 활용해야 합니다.

만나는 사람들에게 친절하게 인사하듯 '덧글'과 '좋아요' 또는 '공감'이라는 기능을 통해 인사를 건네고 마음이 담긴 한마디로 관계를 만들어 가면 됩니다.

단골 만들기, 6개월이면 된다!

무엇인가 해 보려고 해도, 도대체 무엇을 어떻게 시작해야 할지 막막하다면 '천리 길도 한걸음부터'라는 속담을 기억하고 가벼운 마음으로 일단 시작하면 됩니다. 무엇으로 시작을 할까요? 주변에 친구가 많은 사람들을 보면 대부분 소통을 잘하는 특징이 있습니다. 잘 들어주기도 하고 자기 이야기도 잘합니다. 페이스북이나 카카오스토리, 또는 블로그에 오늘부터 자신의 이야기를 사진과 함께 올려보세요. 사업을 하게 된 이야기나 현재의 어려움, 고마운 이야기 등등 자신의 일상을 표현해 보세요. 표현이 조금 서툴어도 마음을 읽게 되면 친구가 됩니다. 친구의 반응에는 고마움을 담아 답변을 해 주세요. 이렇게 6개월만 하면 자신도 모르게 단골이 만들어집니다.

스킬이 아니라 마음으로 소통하라!

들판의 곡식은 기본적으로는 '양분'과 '햇볕'으로 자라지만, 더 중요한 것은 농부의 발자국 소리라고 합니다. 다시 말해 농부의 정성과 사랑으로 곡식이 자란다는 것입니다. 마찬가지로 SNS 마케팅의 효과적 성장에서 페이스북이든 카카오스토리든 블로그든 그것들을 다루는 기능적인 스킬보다 더 중요한 것은 운영자의 진심과 성실함입니다.

최재봉 · 오기자

INDEX
이 책의 색인

매출을 두 배로 만드는
페이스북&카카오스토리
마케팅 비법

발행일 | 2015년 2월 25일 발행
　　　　 2015년 10월 1일 2쇄

저　자 | 최 재 봉 · 오 기 자
발행인 | 정 용 수
발행처 | 예문사
주　소 | 경기도 파주시 직지길 460(출판도시) 도서출판 예문사
T E L | 031) 955－0550
F A X | 031) 955－0660
등록번호 | 11－76호

정가 : 14,000원

예문사 홈페이지 http : //www.yeamoonsa.com

ISBN 978-89-274-1285-4 13000

이 도서의 국립중앙도서관 출판시도서목록(CIP)은 서지정보유통지원시스템 홈페이지
(http://seoji.nl.go.kr)와 국가자료공동목록시스템(http://www.nl.go.kr/kolisnet)에서
이용하실 수 있습니다.(CIP제어번호: CIP2015004423)